絵カードでラクラク!

季節と行事のかんたんシアター

阿部直美 著

ナツメ社

もくじ

春

夏

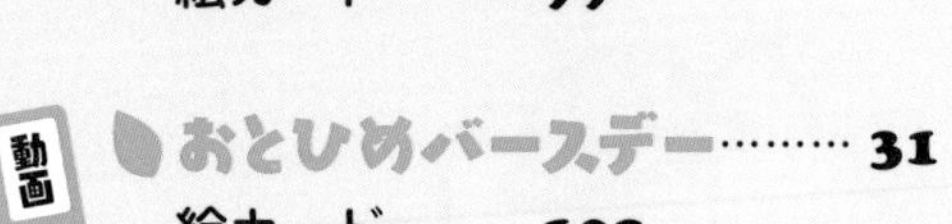

秋

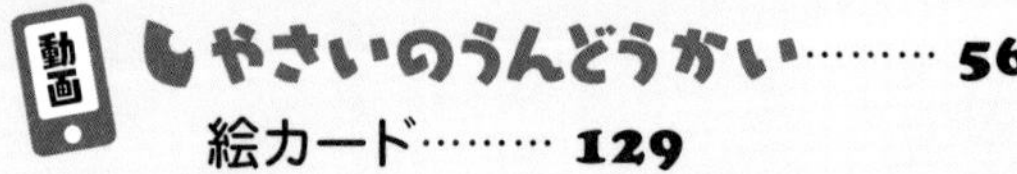

冬

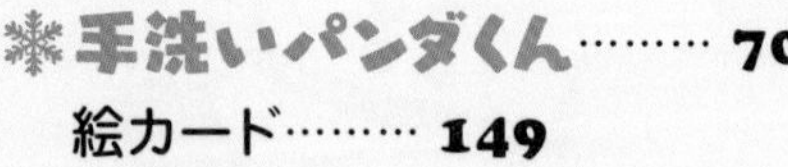

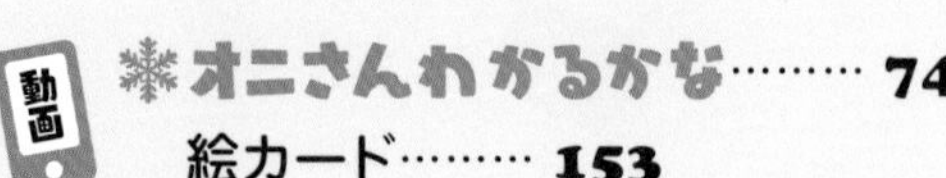

通年

※動画アイコンは演じ方動画付きです。

本書の特長

子どもたちと盛り上がる楽しいしかけと工夫がいっぱい！

めくったり、裏返したり、逆さにしたりと、絵カードの様々なしかけが、シアターの世界を広げ、子どもたちと一緒に楽しむことができます。子どもに問いかけるなど、やりとりを楽しみながらおはなしを進めていくとよいでしょう。

全シアター絵カード付きなので、コピーや色つけ不要！

シアターに使う絵カードは、全てカラー印刷です。切り取って簡単に組み立てられ、すぐに使うことができます。

演じ方例を動画でチェックできる（一部の作品）QRコード付き！

演じ方に迷ったときは動画を見て、参考にすることができます。

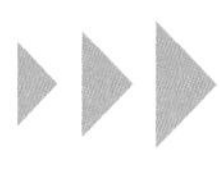

キャベツ畑でおめでとう

作：阿部直美
出演：川野刷容

「絵カードでラクラク！季節と行事のかんたんシアター」ナツメ社

使い方

♪ 歌って演じる場面と、その歌詞です。

季節
演じるのにおすすめの季節です。

セリフと演じ方
セリフと演じ方の例です。

QRコード
演じ方の動画が用意してあるシアターは、QRコードを掲載しています。

用意するもの
シアターを演じるために使う絵カードや作り方、その他に準備するものです。

楽譜
演じ方の中で歌がある場合は、楽譜を掲載しています。

シアターに使用するアイテムの作り方

絵カードの切り取り方

●「キリトリ線」に合わせて切る

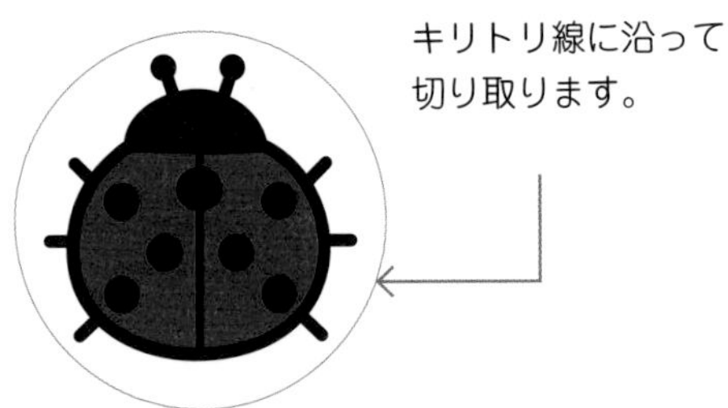
キリトリ線に沿って切り取ります。

●「実線」に合わせて切る

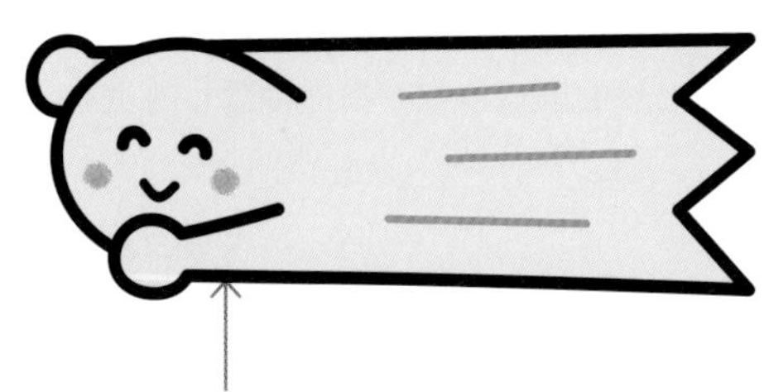
実線に沿って周囲を切り取ります。

●「切り込み」

青い線（絵柄によっては赤い線もあり）は、カッターナイフで切り込みを入れます。

●「切り抜く」

斜線部分は、カッターナイフで切り抜きます。

●「山折り・谷折り」

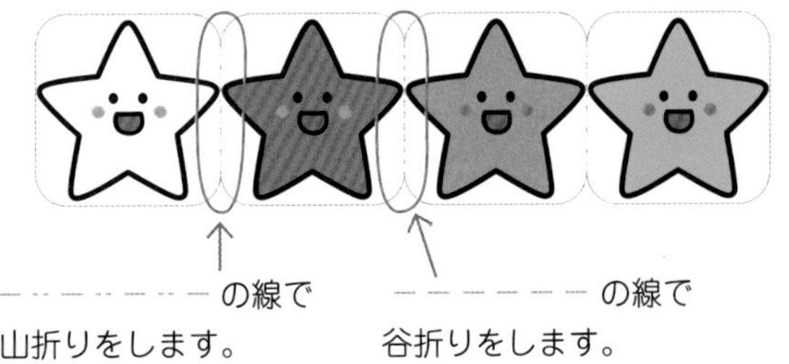
－・・－・・－・・－ の線で山折りをします。

－ － － － － － の線で谷折りをします。

●「両折り」

◇◇◇◇◇◇◇◇◇◇◇◇◇◇◇◇◇◇◇◇◇◇ の線は、山折り、谷折りどちらにも折る場合の線です。

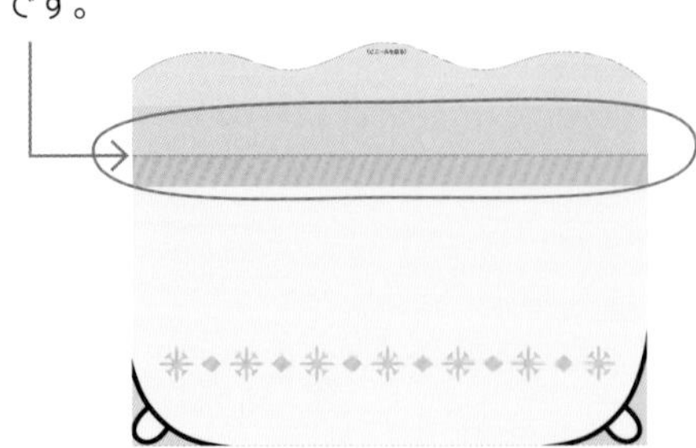

ペープサートの棒（割り箸）の付け方

切り取った絵カードと棒を、両面テープで貼ります。
棒は絵カードと同じ色を塗ると、仕上りがきれいです。

けこみ台

●基本の大型けこみ台

手元の絵カードやペープサートを隠しておける台です。段ボールを縦10㎝×横50㎝くらいに切り、色画用紙を貼ります。立たせるための支えの段ボールをセロハンテープで貼りつけて作ります。

●ペープサートを立たせる小型けこみ台

牛乳パックを縦に半分に切り、中に油粘土を入れます。前面に厚紙を立てて貼り、けこみ台用のカードや色画用紙を貼れば、棒も刺せるけこみ台ができます。

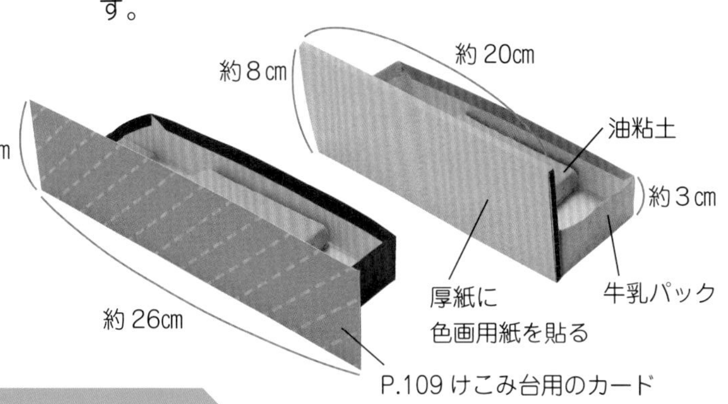

牛乳パック台（本書の演じ方ページでは「台」と掲載）

牛乳パックを高さ10㎝くらいに切り、色画用紙を巻いて貼り、中に油粘土を入れます。棒を刺して、ペープサートを立たせることができます。

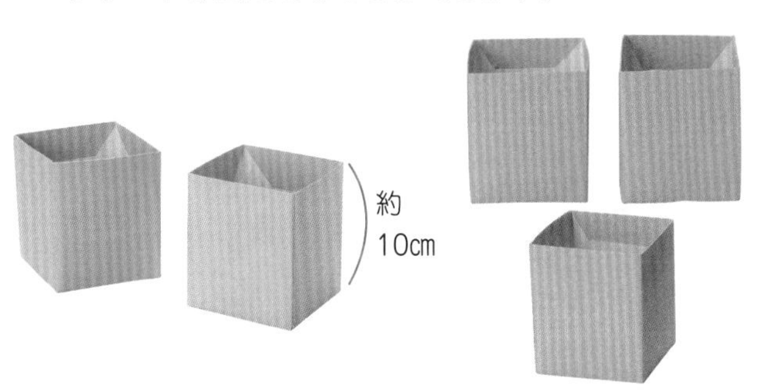

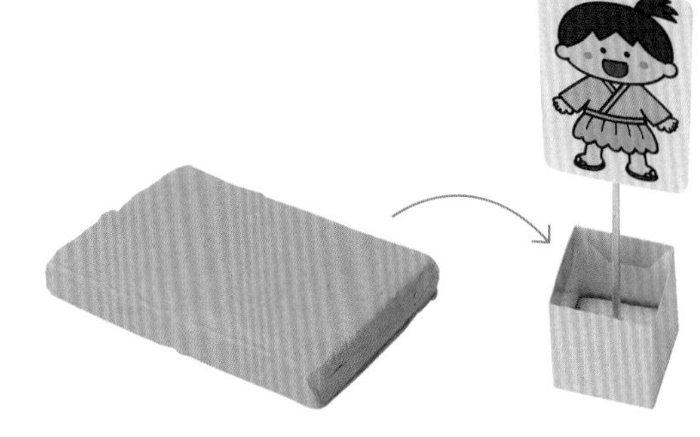

※油粘土は演じやすいように、高さ（厚み）を調節して入れます。

キャベツ畑でおめでとう

キャベツの中から、すてきなカードが出てきますよ。台本の「入園」を「進級」や「誕生日」などにおきかえてもよいでしょう。

演じ方動画付き

1

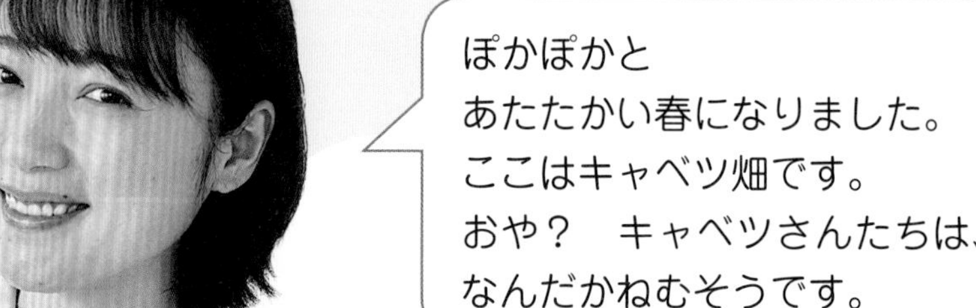

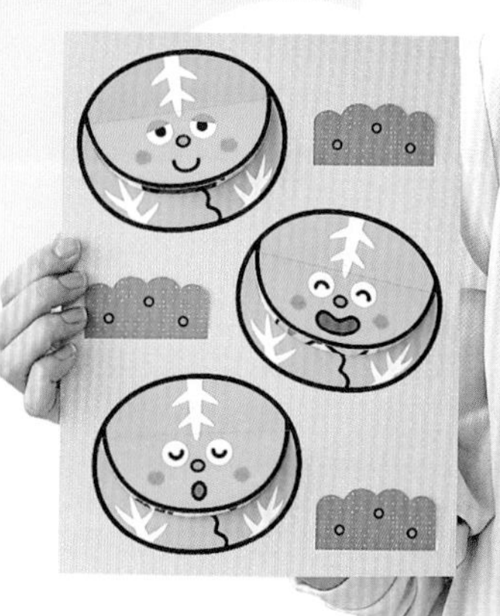

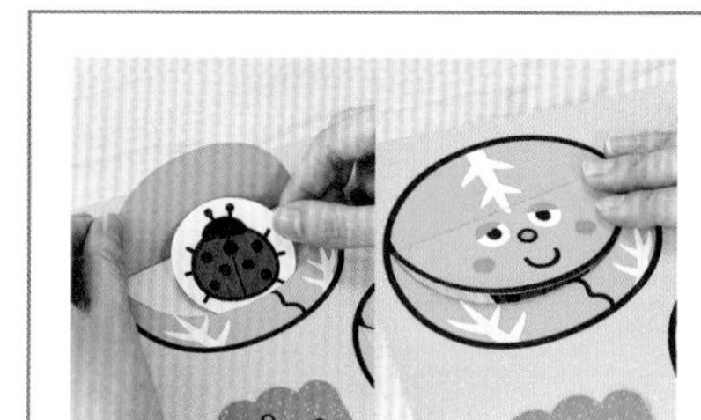

演じる前の準備

キャベツの中に、てんとう虫、ちょうちょう、お祝いカードを入れておく。
春風を左ひとさし指にはめる。

用意するもの　■ P.81 ～ 84 の絵カード　■両面テープ

使用する絵カード

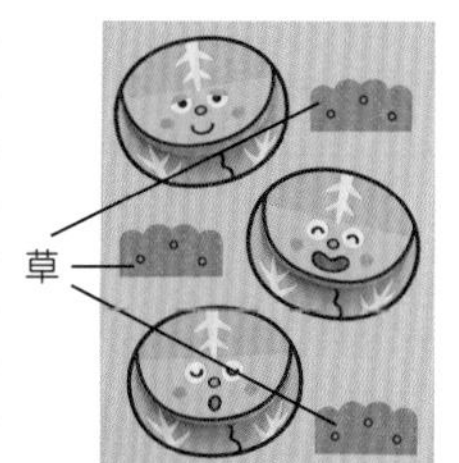

キャベツ畑

お祝いカード

春風

ちょうちょう

てんとう虫

作り方

キャベツ畑

❶キャベツの青色の線に沿って切り込みを入れる。

❷裏からキャベツの裏あてを貼る。

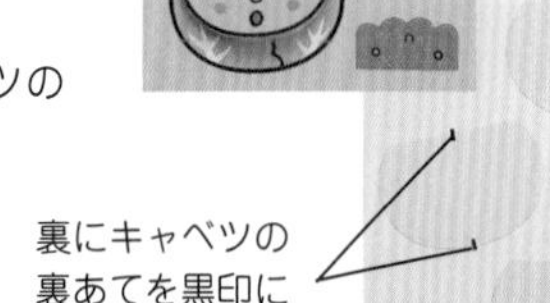

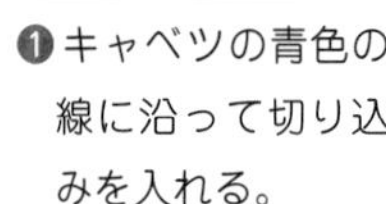

春風

自分のひとさし指か中指に合う指輪を作り、これを春風に貼る。

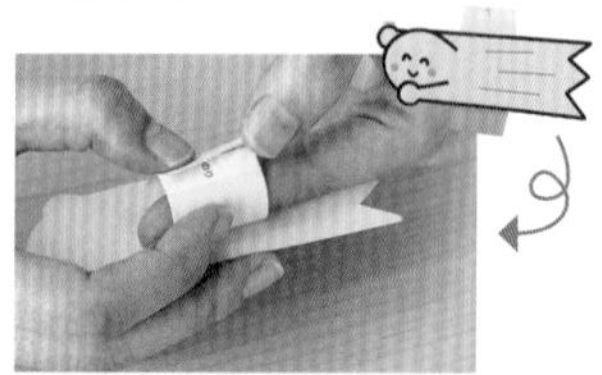

2

そこに春風さんがやってきて
ピューッ　ピューッ
春風「キャベツさーん、
春ですよ」

★左手の春風を出し、畑の上を春風がとびまわる。

3

するとキャベツが
「ファー　ファー
フワワ～ッ」
と大きな口を開けて
あくびをしました。

★キャベツ🄰の口をゆっくりと右手で開ける。

4

★キャベツの中からてんとう虫を取り出す。

おや？　中から、だれか
出てきましたよ。
だれでしょう…
（子どもに問いかける）。
赤い服に黒いボタンの
ようなもようの…
そうです。てんとう虫さん！

5

てんとう虫「わーい！
春風さんだ！　春が来たんだね
春は、すてきなことが
いっぱい！　うれしいな」
てんとう虫さんは大喜び。

ストッパー（草）🄰

★てんとう虫をストッパー（草）🄰に差す。

6

春風さんは、
となりのキャベツさんに
ピューッ　ピューッ。

するとキャベツさんが、
「ファー　ファー　フワワ～ッ」
と、大きな口を開けました。
中から出てきたのは……
ちょうちょうさん。

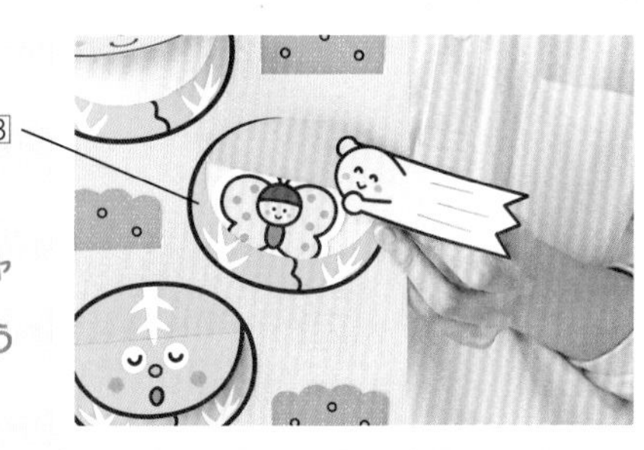

★②③④に準じ、キャベツ🄱から、ちょうちょうを取り出す。

7

ちょうちょう「ひらひら～
わーい！春風さんだ。
春はたのしいことがいっぱい！
うれしいな」
ちょうちょうさんは大喜び。

ストッパー（草）B

★⑤に準じちょうちょうをストッパー（草）Bに差す。

8

でも、このキャベツさんは
なかなか目をさましません。
困りましたね。

キャベツC

★キャベツCを指さす。

9

★てんとう虫をキャベツCに近づけ、そのあとストッパー（草）Aに差す。

てんとう虫さんがとんできて
「天気がいいよ。目をさませー！」
ちょうちょうさんがとんできて
「春ですよ。目をさましてー！」
と言いましたが……
キャベツ「ムニャムニャ」

★続けてちょうをキャベツCに近づけ、そのあとストッパー（草）Bに差す。

10

春風「よ〜しそれなら…
ピューッピューッの
コチョコチョコチョ〜」
春風さんがキャベツさんを
くすぐりました。

★春風を大きくまわし、最後にキャベツ C をくすぐる仕草をする。

11

★キャベツ C をしゃべっているように開閉しながら、動かす。

キャベツ
「うわあ〜くすぐったい。
ハッハッウハハハーッ」
目がさめたようです。
「あのね、きょうは○○園の
入園式でしょ。きのうの夜、
がんばってプレゼントを
作ったんだけど、
くたびれちゃって…」
それで目がさめなかったのね。

12

★キャベツ C からお祝いカードを取り出す。

さあ…
プレゼントは何でしょう。
ホラ…ホラ…**ホーラ**
こんなかわいい
ちょうちょう…
かと思ったら…
ちょうちょうさんと
同じもようのリボンの
お祝いカードでした。

13

春風さんは、
「わたしが届けて
あげましょう。ピューッ」と、
園にカードを届けに
来てくれましたよ。

★春風とお祝いカードを持って空をとぶように動かす。お祝いカードを子どもたちに見せて終わる。

赤い屋根のおうち

手紙の内容を、誕生会や卒園、進級などにかえても楽しめるシアターです。家は自立式なので、両手を自由に使って演じましょう。

1

みなさ〜んこんにちは。
わたしは
ゆうびんやさんです。
ねこやまさんに
この手紙を届けに
来たのですが…さて、
ねこやまさんのおうちは
どこかな。

★セリフを言い、手紙を見せたら、ゆうびんバッグにしまう。

封筒に、手紙と写真を入れておく。

演じる前の準備

保育者はテマークのサンバイザーとゆうびんバッグを身につけ、封筒を持つ。
家は、机の上に立てておく。

用意するもの

■P.85〜88の絵カード ■クリアファイル ■紙袋 ■リボン ■色画用紙 ■輪ゴム ■両面テープ ■封筒 ■フェルトペン ■ホチキス

使用する絵カード

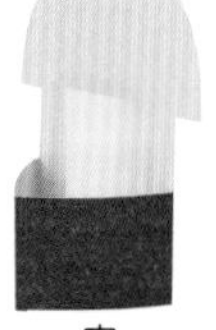

家

写真

切手

テマーク

（表）

ぶた

いぬ

ねずみ

（裏）

きつね

さる

ねこ

作り方

家

❶家の形に切り、ドアに切り込みを入れ、ストッパーをつける。

❷家の裏に縦13cm×横10cmのクリアファイルを貼り、動物の絵カードを「ぶた」「いぬ」「ねずみ」の順に、クリアファイルに差し込む。

❸家の左右に裏あてを貼り、家を立たせる。

ゆうびんバッグ

紙袋にリボンをつけ、ショルダーバッグにして、画用紙で作ったテマークをつける。

手紙

封筒に切手の絵カードを貼り、表にあて名を書き、中に手紙と写真を入れる。

サンバイザー

❶青色の画用紙を下図のように切り、つばにテマークの絵カードを貼る。

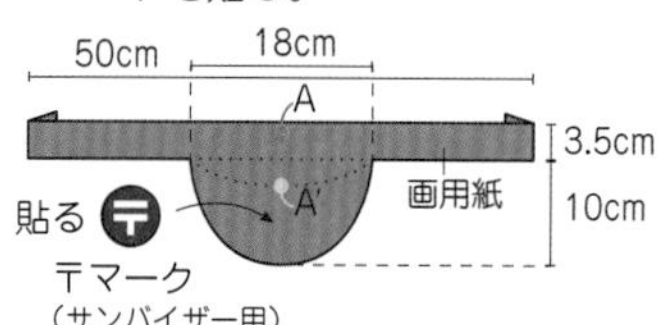

❷つばを折り上げ、AとA'を合わせて貼る。

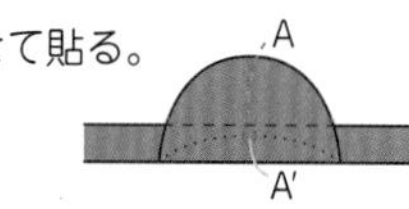

❸輪ゴムではさみ、ホチキスでとめて輪にする。

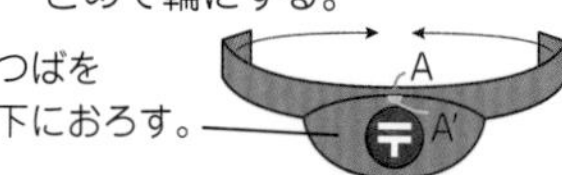

2

「ちょっと、ここのおうちで
きいてみよう…
トントン　ごめんください」
すると中から
「ブウ ブウ」という
声が聞こえます。みんなは、
だれのおうちかわかる？

★ドアをたたく仕草をする。子どもに問いかけ答えを引き出す。
子どもたちが答えたらドアを開ける。

3

そうです。ぶたさんでした。
「ぶたさん、ねこやまさんの
おうちはどこですか…？」
ぶた **「うちと同じ形の
赤い屋根のおうちですよ
…あっちです」**

★ドアの中のぶたを見せてから、ドアを閉じる。ぶたのカードを引きぬききつねの面を前にして、ねこのカードの上に差し込む。

4

ありがとうございます…。
あっちって…
こっちかな…。
あっ、赤い屋根の
おうちがあったぞ。

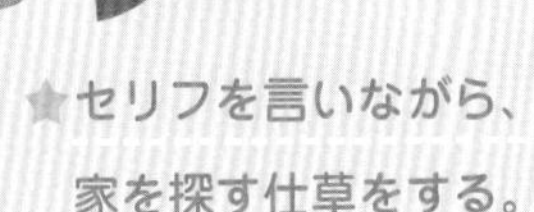

★セリフを言いながら、家を探す仕草をする。

5

「ねこやまさんのおうちかな。
トントン　ごめんください」
すると中から「**ワンワン**」
という声が…だれかな。

★②に準じる。

6

「ねこやまさんのおうち知りませんか？」
いぬ「うちと同じ赤い屋根のうちだワン。…あっちですよ」

★③に準じる。

7

ありがとうございます。
あっちって…
こっちかな…。**あっ、**
赤い屋根のおうちがあったぞ。

★④に準じる。

8

「ねこやまさんのおうちかな。
トントン　ごめんください」
すると、中から「チュウ～ッ」
ドアを開けると…
だれもいない…と思ったら、
おっと失礼、
小さいねずみさんが…。
「ねこやまさんのおうちを
知りませんか？」
ねずみ「うちと同じ赤い屋根のうちだっちゅう～。あっちだよ」

★②③に準じる。

9

★※以下、②③④に準じねずみの次はきつね、その次はさる、最後にねこを見せる。

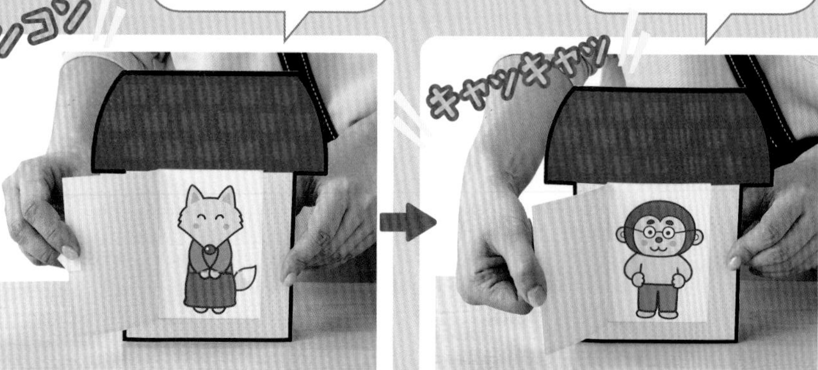

10

やっと
ねこやまさんのおうちに
つくことができました。

★ゆうびんバッグから
封筒を取り出す。

はい、ねこやまさん、ゆうびんです。
「あらまあうれしい…
まごのにゃんこからだよ」

11

中に手紙が入っています。
読んでみましょう。
『しがつから
にこにこえんに　かよいます。
にゃんこより』
まあよかったこと…。

★手紙を読んだあと、
子どもに見せる。

12

おっと…封筒の中に、
ほら、こんなかわいい
入園の写真が
入っていましたよ。

★封筒から写真を
取り出す。

13

ねこやまさんは大喜び。
よかったね。おしまい。

よかったね

春

ねずみのチュウチュウクイズ

春のお花や、チュウタが大きくなったらなりたいものを、「チュウ」という言葉をヒントに当ててみましょう。

演じ方動画付き

1

ハーイみなさんこんにちは。
「チュウ」がつくことばの
好きなねずみのチュウタです。
今日は○○園の誕生日会に来ました。
みなさんとクイズ大会をするためですヨ。

演じる前の準備

ねずみのお面をかぶって登場する。
机の上には箱(大)(中)(小)を台に刺しておく。

用意するもの

■ P.89 ～ 92 の絵カード ■両面テープ ■ホチキス ■セロハンテープ ■輪ゴム ■牛乳パック台3個 ■油粘土 ■割り箸

使用する絵カード

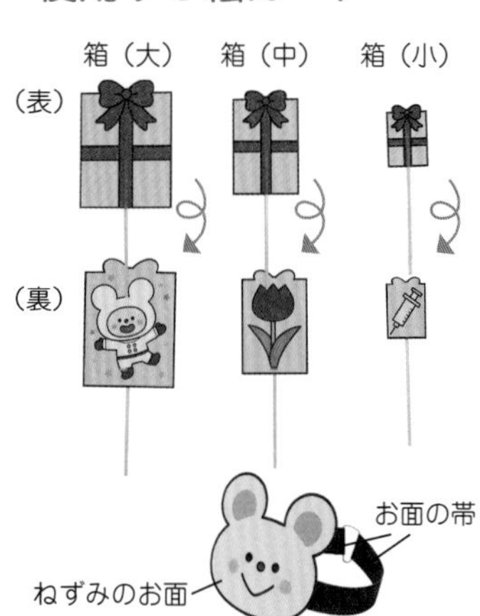

作り方

箱

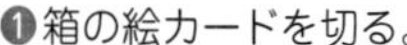

❶箱の絵カードを切る。

❷リボンの縦の部分に、割り箸を両面テープで貼る。

❸割り箸にリボンと同じ色を塗っておくと、きれいに仕上がる。

牛乳パック台

※ P.5 の作り方を参照。

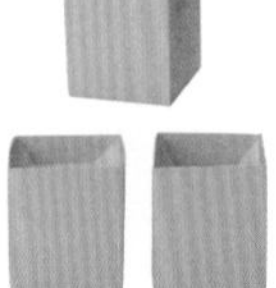

お面

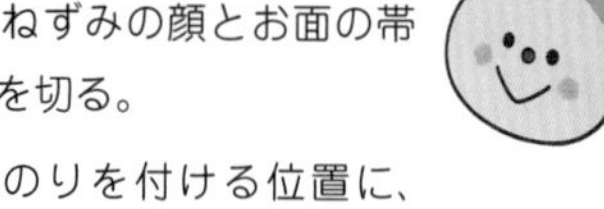

❶ねずみの顔とお面の帯を切る。

❷のりを付ける位置に、お面の帯を両面テープで貼り、さらに上からセロハンテープを貼る。

❸お面の帯の左右を折り、輪ゴムをかけ、ホチキスでとめてできあがり。

2
第１問…
わったくしねずみの
チュウタが
行っている学校は、
何という学校でしょう。
小学校…ちがいます。
大学…ちがいます。
3
わったくしは
チュウが好きなので…
答えは
チュウ学校ですよ。
えっ…○○園の
ねんチュウぐみかと
思った…ですって。
こりゃー本
とられたでチュウ～。
4
さて、第２問…
ここに３つの箱があります。
わったくしチュウタが
好きな箱はどれでしょう。
わっかりますかあ～。
★子どもたちに
問いかけ、答
えを引き出す。
（以下同様）
5
ダイ
ヒントです。
この大きい箱…
大きいものを
「ダイ」と言います。
この小さい箱…
小さいものを
「ショウ」と言います。
では、まんなかの箱は
何と言うのでしょう。
ショウ
★箱（大・中・小）を指
さしながら「チュウ
チュウ　ソング」Ⓐ
～Ⓑを歌う。

6

そうです。
「ダイ」「チュウ」「ショウ」。
まんなかは
「チュウ」といいます。
だからこの箱が一番好き…。

★箱(中)を台から取る。
「チュウチュウ・ソング」Ⓐ～Ⓓを歌う。

7

第3問…
このチュウくらいの
箱の中には、チュウタが
いっちばーん好きな花が
入っています。

バラ…いえいえ、
ヒマワリ…ちがいます。
チュウのつく花ですよ…。

8

そうです。当たり！
チューリップです！

★箱(中)を裏返しチューリップを見せてから台に刺す。

9

第4問…
わったくし…プレゼントは
何でも大好き！
この小さい箱だって
好きですよ…**と**
言いたいところですが、

10

…これには、
きらいなものが
入っている
みたいでチュウ～。

★箱（小）を台から取る。

11

チュウタがきらいな
チュウって何でしょう。
ヒントはお医者さんと
関係があります。
病気をすると…
チクッといたい…
そうです。

答えはチュウシャキ。
きらいですけど
泣いたりしませんよ。
えらいでチュウ～。

★箱（小）を裏返し、注射器を見せてから台に刺す。

12

★箱（大）を台から取る。

最後**第５問！**
この大きな「**ダイ**」の箱には、
チュウタが大きくなったら
なりたいものが
かいてあります。
ヒントは空に関係があります。
…パイロット…う～ん
似てるけど…
もっと空の上のお仕事です。

13

キンコンカンコン
大当りでチュウ～！
正解は…
宇チュウ飛行士
でしたあ！

★箱（大）の裏面を見せる。

14

誕生日が来て…
また次の誕生日が来て…
大人になったら、
宇宙に行きたいな。
みんなは、大きくなったら、
何になりたい？
夢がかなうといいね。

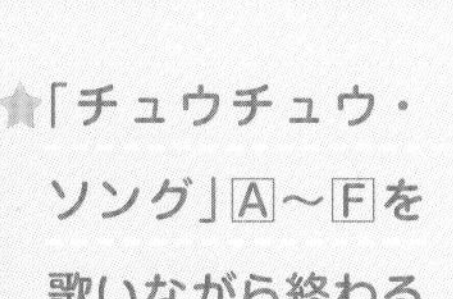

★「チュウチュウ・ソング」A～Fを歌いながら終わる。

楽譜 チュウチュウ・ソング
（「キラキラ星」の替え歌）

作詞：阿部直美　フランス民謡

信号わかるかな

信号の色を見て、道路をどうやって渡ったらよいのか、みんなで考えてみましょう。春・秋の交通安全週間にあわせて、楽しみたい作品です。

1

みなさん、道路のそばに
立っていて、赤のピカピカ、
黄色のピカピカ、
青のピカピカって…
なんだかわかる？
そう信号機ですね。

演じる前の準備

黒信号（光っていない面）を中央に置き、うさぎとくまを台に刺しておく。

用意するもの

- P.93～94 の絵カード
- セロハンテープ
- 両面テープ
- 牛乳パック台２個
- 油粘土
- 割り箸
- 厚紙（段ボールなど）

使用する絵カード

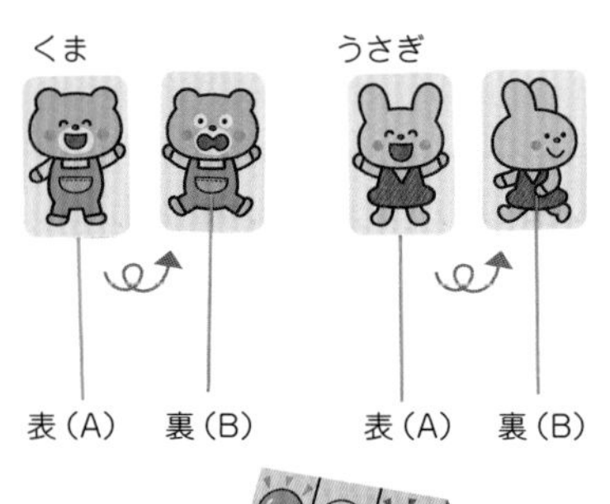

作り方

くま・うさぎ

絵カードを切り、割り箸を両面テープで貼る。

牛乳パック台

※ P.5 の作り方を参照。

信号機

厚紙（段ボール）を下図のように切って三角に折り、信号の絵カードを両面テープで貼る。

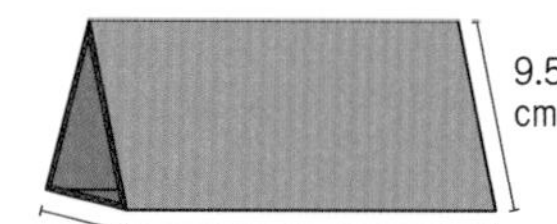

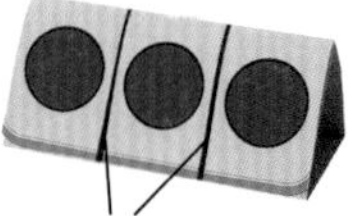

2

信号が青になりました。
そこに、うさぎさんが来て…。
「いい天気だなあ～
うさぎさんよくみてね
♪いっぴきのうさぎさんが～」
と歌いながらあっちを見たり、
こっちを見たり…。

★黒信号をめくり、青信号を見せる。「うさぎさん よくみてね」の歌を歌いながらうさぎを持ち、左右に振り、よそ見をしている動きにする。

3

うさぎ
「**あっ**…信号だ！」
そのとき、信号が
青から黄色に
かわりました。

★うさぎをB面にして青信号を黒に戻し、黄信号をめくって見せる。（以下同様に）

4

うさぎ **「黄色だから**
渡っちゃおうっと…
だいじょうぶだよね」

うさぎさんが
道路を渡ろうとすると、
くま **「あぶなーい！**
渡っちゃだめだよ」
とくまさんの声がしました。

★くまをB面にして持ち、うさぎをくまの方に進ませる。

5

そのとき信号が
赤にかわって、
車が走り
はじめました。
うさぎさんは
びっくり！

★黄信号を黒に戻し、赤信号を見せる。

6

しばらくすると、
信号は赤から青になり、
車も止まりました。
くまさんが、
「よそ見しないで、
はやく渡っておいで」と
言いました。

★赤信号を黒に戻し、青信号を見せる。くまをA面にしてセリフを言う。

7

★うさぎをA面にしてくまと並べて持つ。

うさぎさんは、
こんどはよそ見をしないで、
ちゃんと道路を
渡ることができました。
よかったね。

8

それでは
○○組のみんなと、
信号クイズを
するよ。
第１問です！

★信号を元に戻し、くまがクイズを出す。

9

道を渡ってもいいですよ、
って光るのは何色？

（子ども）青！

★青信号を子どもたちに指させる。（以下同様）

そうだね。では青は
この３つの丸のうち、
どこかな？

もうすぐ色がかわるから
渡らないで、は何色？

あぶないから
渡らないで、は何色？

10

○○組のみんなも
うさぎさんも
ちゃーんと信号が
わかりました。
よかったね。
おしまい。

アレンジ

「赤の信号のとき渡ってもいいのかな？」とくまが問いかけ、うさぎが「渡れるよ」などとまちがった答えを言います。くまが「こりゃクまった、クまった、こまった。○○組のみんなはわかるかな」など、子どもたちに正しい答えを言ってもらってもよいでしょう。

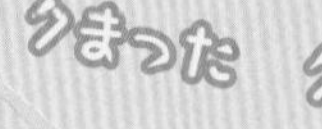

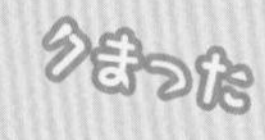

うさぎさんよくみてね

作詞・作曲：阿部直美

遊びながら、1から10までの数を、指を出して数えます。シアターのあと、手あそびへと発展させてみましょう。

1 いっぴきの

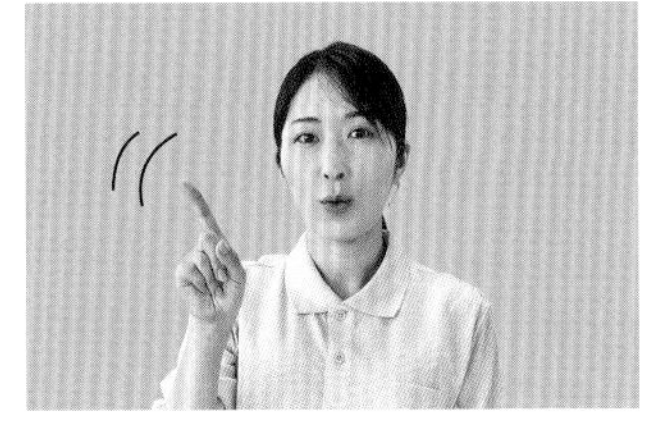

指を1本出し、軽く前後にふる。

2 うさぎさんが

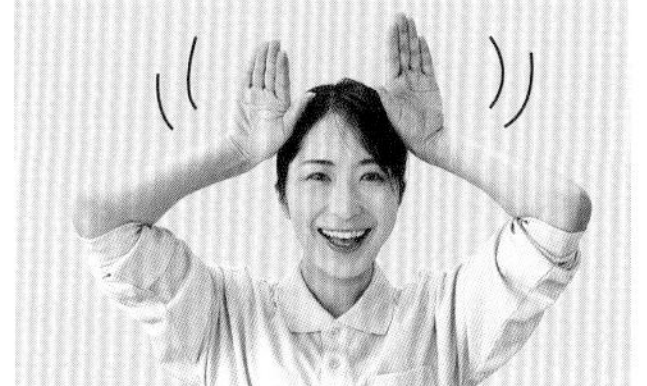

両手で耳を作る。

3 にこにこ　にこにこ

指を2本出す。

4 さんぽして

指を3本出す。

5 よつかどで

指を4本出す。

6 ごっつんこ

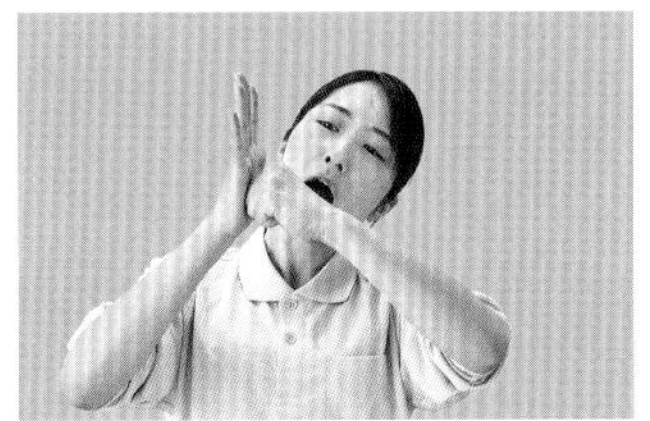

にぎった手で、⑤の手のひらを打つと同時に指を5にする。

7 ろくろく　みないで

両手で6を出す。

8 ななめに　わたって

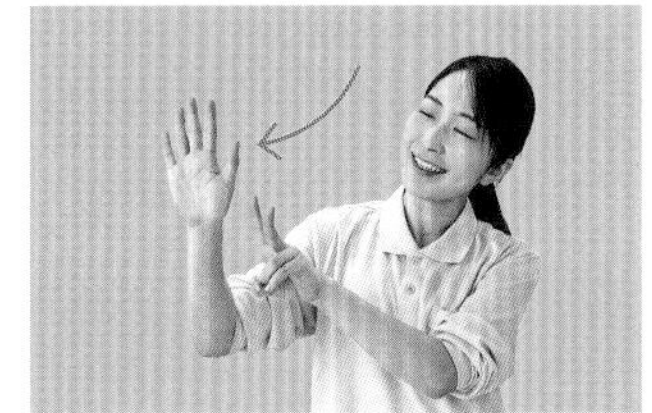

両手で7を出す。

9 むこうから　やってきた

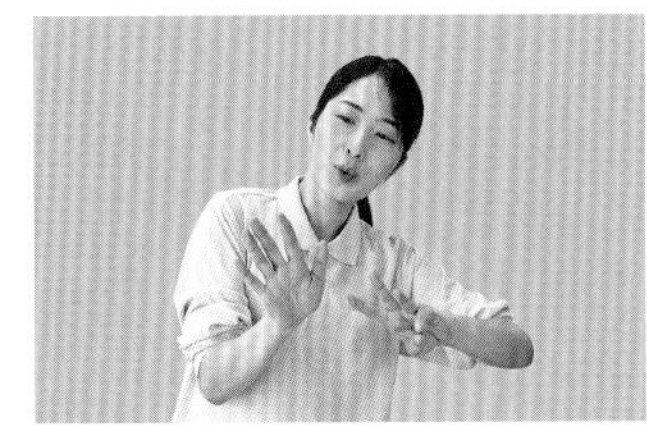

「やってきた」で指を8本出す。

10 くまさんに

指を9本出す。

11 とうとう　とうとう

指を10本出す。

12 おこられた

大きく拍手を1回し、手をひらく。

夏 ぴっかり天の川

１年に一度の七夕の日。天の神様は、天の川に橋をかけずに出かけてしまいました。ひこ星様は、どうやって橋をかけるのでしょう。

1

みんなは、七夕まつりって
知っているよね。
そう、１年に一度、
おりひめ様とひこ星様が
天の川を渡って会える日です。
今日はその七夕。
ひこ星様は、
おりひめ様へのおみやげに
おむすびを持って
いくことにしました。

ひこ星「楽しみだなあ、
おりひめさま、
元気かなあ。
早く会いたいなあ」

演じる前の準備

ひこ星とおむすび（2枚）を持つ。看板とたたんだ星の子は、天の川（けこみ台）の後ろに置き、左右に台を置く。

用意するもの

- P.95～98の絵カード
- けこみ台
- 牛乳パック台２個
- 油粘土
- 割り箸
- 両面テープ

使用する絵カード

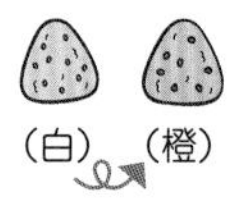

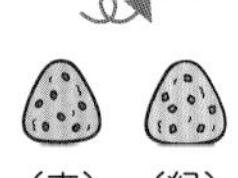

おむすび

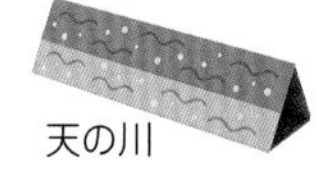

天の川

作り方

天の川（けこみ台）

段ボールで三角の台を作り、天の川を貼る。

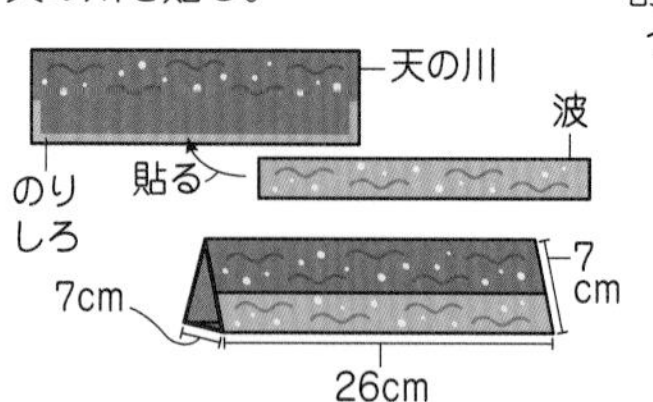

看板

星の子

牛乳パック台

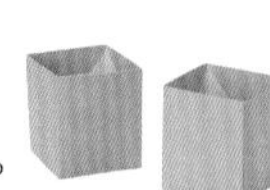

※P.5の作り方を参照。

2

おや、川のそばに
看板が立っています。
なんて書いてあるのかな？
う〜ん……「で」の字が
かけっこしてる……。

★ひこ星を台に刺し、おむすびは、けこみ台の後ろに置く。看板を持ち、子どもたちと考える。

ひこ星 **わかった！**
「で……かける。
でかける」だ！

3

エー!! 神様は
旅に出かけて留守！
天の川に橋をかけて
くれるのを、
忘れて行っちゃったんだ。
困ったなぁ。

★ひこ星を持ち、びっくりする仕草をしたあと、看板をけこみ台の後ろに隠す。

4

ひこ星「せっかく
おむすびを作ってきたのに、
これじゃあおりひめさまに
渡せない……。あ〜あ、
食べちゃおうかな」

★ひこ星を持ち、おむすび(白)を食べる仕草をする。

5

ひこ星がパクッと
食べようとしたとき……。
ころり〜ん、
すっとんとん。
おむすびが天の川に
落ちてしまいました。

★おむすび(白)をけこみ台の後ろに隠す。

すると川の中から、
おむすびの歌
♪おむすびころりん
すっとんとん
ころげてころりん
あまのがわ「ころりーん」
と、楽しい歌が
聞こえてきました。

★「おむすびの歌」を歌い、耳に手を当てて聞く仕草をする。

6

ひこ星「これはおもしろい。今度はこの**赤い**
お赤飯のおむすび
をころがしてみよう。
それ！　ころり～ん」

おもしろい！

★おむすび（赤）を見せてから、けこみ台の後ろに隠す。

するとやっぱり
♪おむすびころりん
すっとんとん～
と歌う声が…。

7

ひこ星「アッハッハッ
これはおもしろい。今度は、
にんじん入りのおむすびを
ころがしてみよう。
それ！　ころり～ん」

★⑥に同じ

するとやっぱり
♪おむすびころりん
すっとんとん～
と歌う声が……。

おむすび（橙）

8

ひこ星「すごい！
すききらいしないんだね！
じゃあこの**ピーマン入りの**
おむすびをころがしてみよう。
それ！　ころり～ん」

★⑥に同じ

するとやっぱり
♪おむすびころりん
すっとんとん～
と歌う声が……。

おむすび（緑）

9

いったいだれが
食べたのでしょう。
すると、天の川から
星の子が出てきました。

★けこみ台うしろから星の子を取り出す。ロボットのような声で星の子のセリフを言う。

星の子「ひこ星さま、
おいしいおむすびを
ありがとう。
お礼に、あなたの
願いをかなえてあげます」

10

ひこ星「それはうれしいな。
神様が橋をかけるのを
忘れて旅に出かけちゃったから、
向こうに渡れないんだ。
だからお願い！　ここに
橋をかけてくれないかな？」

★星をたたんだまま、ひこ星と会話をする。
そのあとひこ星を台に刺す。

11

星の子「お任せくださいませませ。
星の子たち、集まれー！」

★たたんだ星の子をひらく。

12

すごーい！
星たちが手をつないで、
天の川に橋をかけてくれました。

★白と緑の星の切り込みを、波にはさみ込む。

13

そのとき向こうから、
おりひめ「ひこ星さま～！」
ひこ星「おりひめさまーっ」
おりひめ「ひこ星さまーっ」
（繰り返す）

★おりひめを出す。

14

２人は星の橋を渡って、
会うことができました。

★星の橋の上を２人が渡り、出会う。

15

そうそう、星たちは、
白いおむすびを食べた星は白、
お赤飯おむすびを食べた星は赤、
にんじんおむすびはオレンジ、
ピーマンおむすびは緑の
きれいな色の星に
なったんだって！　おしまい。

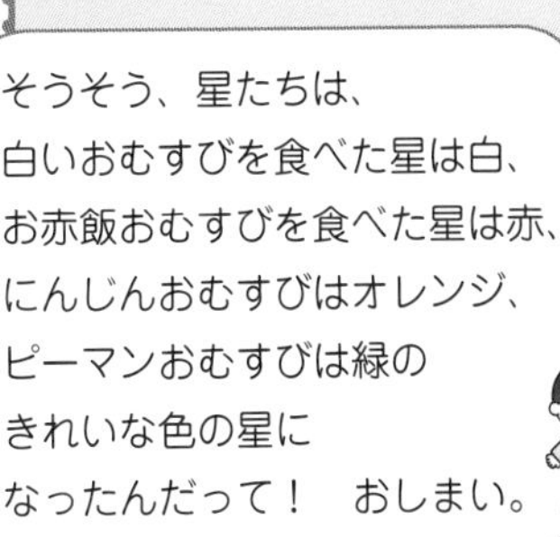

★おりひめ、ひこ星を台に刺し、星を指さす。

楽譜　おむすびの歌

作詞・作曲：阿部直美

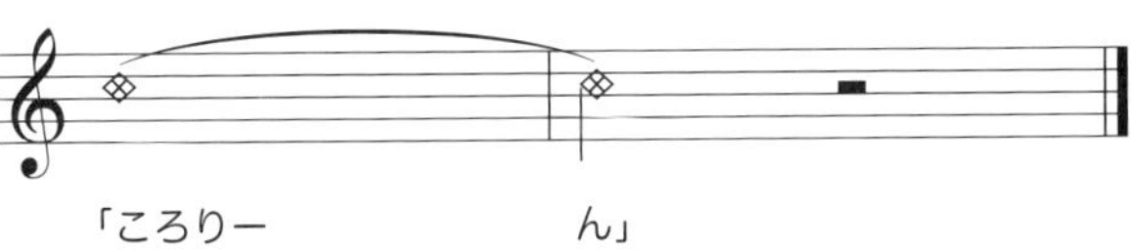

すてきなぼうし

うさぎさんには、どんなぼうしが似合うかな？　夏の暑い日に「ぼうしをかぶって外出する」という生活習慣が身につくおはなしです。

1

わたしは森のぼうしやさん。
さあ、これで
すてきなぼうしを作ろう。
…こうやってたたんで。

演じる前の準備
ハサミ、うさぎをけこみ台の後ろに隠す。ぼうしは、割り箸に刺す。失敗したぼうしを二つ折りし、穴を見せないように持つ。

用意するもの　■P.99～102の絵カード　■両面テープ　■セロハンテープ　■油粘土　■割り箸　■けこみ台

使用する絵カード

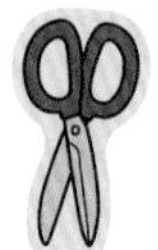
ハサミ

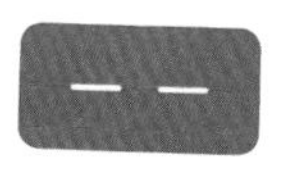
失敗したぼうし

大きいぼうし

うさぎ

三角ぼうし

小さいぼうし

作り方

けこみ台

※P.5の作り方を参照。

割り箸を3本立てる
油粘土を入れる
約8㎝
約3㎝
画用紙を貼る
約20㎝
牛乳パックを半分に切ったものに画用紙を貼る。

失敗したぼうし

切り抜き、穴をあける
折り目をつける

うさぎ

輪にする

三角ぼうし

2枚を貼り合わせる

大きいぼうし

つばを折る

小さいぼうし

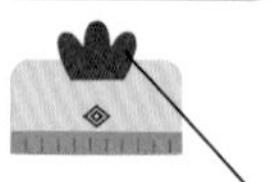
飾りをつける

2

ぼうしをつくろうの歌１番

♪ぼうしをつくろう　ぼうしを
つくろう　すてきなぼうし
ハサミでチョキチョキチョキ
チョッキン　パッチン
チョキ　パチン

あっ！　あっ！　しまった
まちがって切っちゃった！

★失敗したぼうしを、さらに二つ折りにし、ハサミを持って歌いながら、切る仕草をする。

3

あー、残念…
これはだめだ！
穴が
あいちゃったからね。

★ハサミをけこみ台の後ろに隠し、失敗したぼうしを広げて見せる。そのあと、失敗したぼうしは、けこみ台に立てかける。

4

するとそこに…
トントコ　トントン　トントントン
と、うさぎさんがやってきました。
うさぎ「ごめんくださーい！
ぼうしを買いにきました」

★うさぎの筒の中に左手の指３本を入れ、おじぎをする仕草をする。

5

うさぎ「外で遊ぶとき、
頭が熱くなっちゃうから、
ぼうしをかぶろうと思うんです。
どのぼうしがいいかなあ」

★うさぎがぼうしを見る仕草をする。

6

これは
いかがですか？

★三角ぼうしを取って持つ。

7

うさぎ「どう？
みんな、ぼくに
似合ってる？
…なんだかサンタさん
みたいだよねえ～」

★うさぎに三角ぼうしをかぶせる。子どもたちによく見せ、似合うかどうか問いかけたあと、ぼうしを元に戻す。

8

では…これは
いかがですか？
うさぎ「うわ！
大きすぎるようー」

★大きいぼうしをかぶせる。
⑥⑦に準じる。

9

では、これは　いかが？
うさぎ「おっとっと！　小さすぎる」

★小さいぼうしをかぶせる。
⑥⑦に準じる。

10

うさぎ「あれ？
これはなあに？」
いえいえ、それは
その一……。
うさぎ
「かぶってみたいな！」

★失敗したぼうしを指さし、セリフを言う。

11

いえいえ、
それは失敗したもので……。
うさぎ「かして、かして」

それは　その一、
穴があいていて……。

うさぎ
「かぶりたい！
かぶりたい！」

★失敗したぼうしを取り合う動きをする。

12

うさぎ
「ほーら、取ったよ。
かぶってみよう」
うさぎさんが
かぶってみると。

★穴に耳を通すように
かぶせる。

13

うさぎ「これはかわいい！
それに、ぼくの耳にぴったりだ」
失敗かと思ってたら、
よかったよかった。
すてきなぼうしですね。

★つばを折り上げる。

14

ぼうしをつくろうの歌２番
♪ぼうしをかぶろう　ぼうしをかぶろう
おひさまあつい
ぼうしをかぶって　おそとであそぼう

みんなも外に出るときは、ぼうしを
忘れないで、たのしい夏をすごしてね。

★歌いながらうさぎを
動かして、終わる。

ぼうしをつくろうの歌（「糸まき」の替え歌）

作詞：阿部直美
デンマーク民謡

アレンジ

子どもと作る 簡単ぼうし

紙袋やふうとうなど身近な素材を使って、うさぎさんに似合いそうなぼうしを子どもたちが作り、それをおはなしの中で使っても楽しいでしょう。

カラーふうとうぼうし

ふうとうを三角に切って丸シールを貼る。

茶ぶうとうぼうし

ふうとうを四角に切って下を折り上げ、上部を押し、左右を耳のようにとがらせる。フェルトペンで模様を描く。

ビニール袋ぼうし

小型のビニール袋を切って下を巻き上げ、ビニールテープで模様をつける。

セロハン袋ぼうし

セロハン袋の底を切って、上部をモールでしばり、丸シールを貼る。

おとひめバースデー

うらしまたろうさんは、おとひめさまに、プレゼントを届けに出かけました。中には何が入っているのかな。誕生日会の出し物にもなるストーリーです。

演じ方動画付き

1

うらしま「わたしはご存知うらしまたろう！
おとひめさまのお誕生日に、竜宮城まで贈り物を届けにいくよ」

演じる前の準備

けこみ台の後ろに、おとひめ、たまてばこ（大）（小）を隠す。うらしまをA面にして持つ。

用意するもの

- P.103 ～ 106 の絵カード
- 両面テープ
- セロハンテープ
- 輪ゴム
- けこみ台
- 画用紙
- 黒のペン
- 牛乳パック台２個
- 油粘土
- 割り箸
- ビニール袋

使用する絵カード

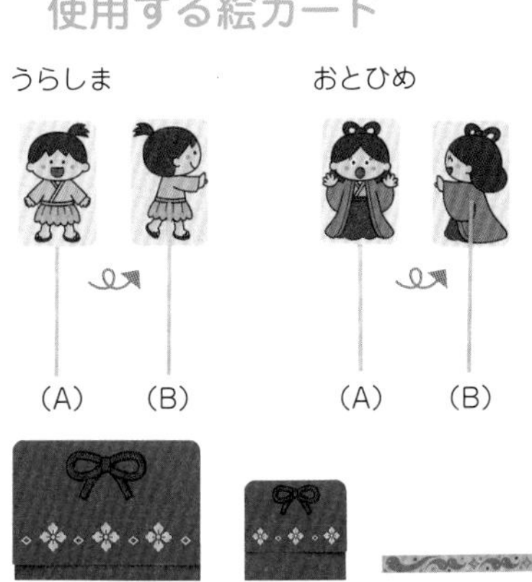

作り方

たまてばこ（大）

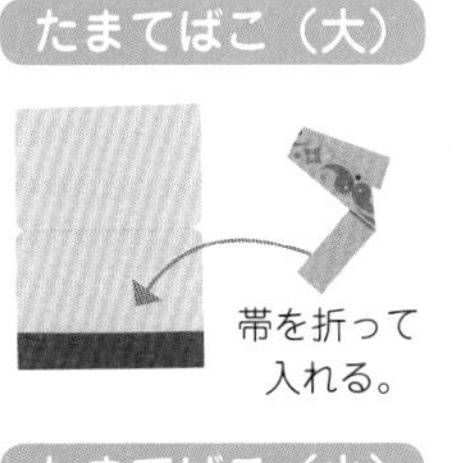

たまてばこ（小）

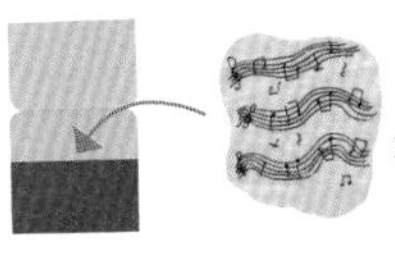

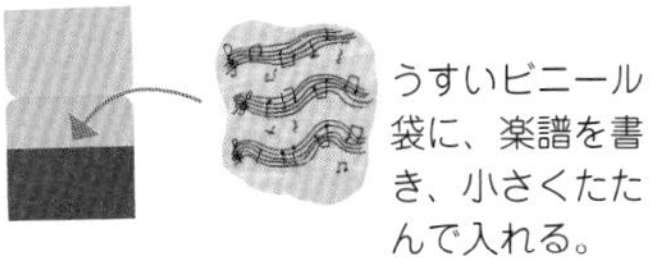

岩（小）

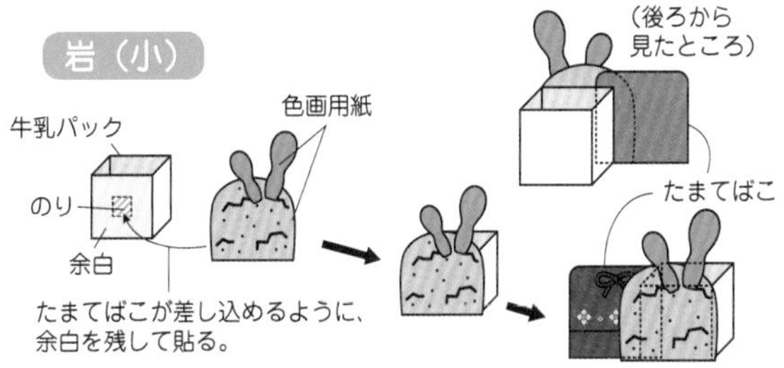

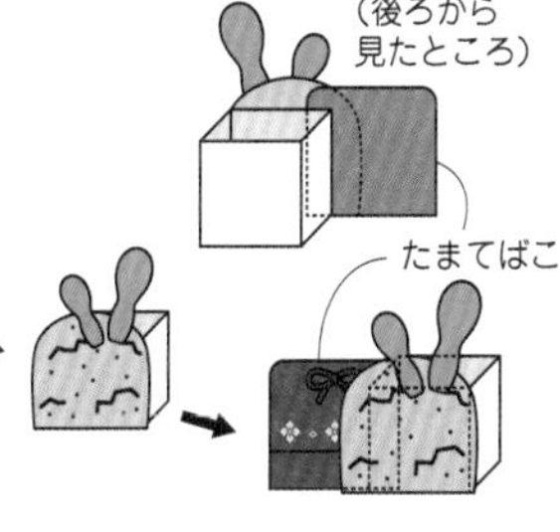

岩（大）

けこみ台（P.5 の作り方を参照）に、画用紙で作った岩（大）を貼る。

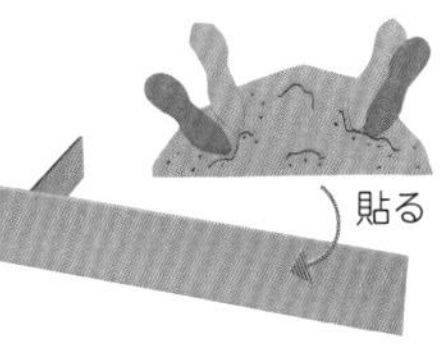

2

うらしま
「プレゼントは
このたまてばこだよ」

★たまてばこ（大）（小）を、重ねて持つ。

3

うらしま「スイスイーのスイ。
竜宮城には前に行ったことが
あるからすぐわかるよ。おお、あそこだ！
おとひめさま～！
おたんじょうび
おめでとうーっ！」

★泳いでいるような動きをする。

4

岩のかげから
おとひめさまが
出てきましたよ。

おとひめ
「まあ、うらしまさま！
よく来てくださいました」
うらしま
「おなつかしい～！」

★うらしまをB面にして、ふたりが向き合っているように見せる。

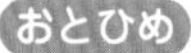

★たまてばこ（大）（小）を岩（小）に立て、おとひめB面を取り出す。

5

うらしま
「お誕生日の贈り物です。
大きいたまてばこと
小さいたまてばこ、
どちらがよいですか？」

★たまてばこ（大）（小）を見せる。

6

おとひめ「えーっと、たしか…、
したきりすずめのおばあさんは、
大きい方と言ってガラクタを
もらっちゃったのよね。
あんまりよくばっちゃ
だめってこと。でもねえ……
でも、でも、でもー…みんなは
どっちがいいと思う？」

★おとひめを持ち、大きい方にしようか小さい方にしようか迷い、子どもたちに問いかける。

7
おとひめ「決めた！
小さい方…と、
大きい方、
両方ちょうだい！」
セリフを言ってからおとひめを岩(小)に立てる。
8
うらしま「え～～～～！
いいですよ…。
だけど何が出てきても
知りませんよ～」
うらしまをA面にして、驚きながらセリフを言う。
9
では、大きい
たまてばこを
開けますよ。
たまてばこ(小)は岩(小)に立てておく。たまてばこ(大)をゆっくり開く。
おとひめ
「キャー。へびだわ。
イヤーン。こわーい」
と思ったら……
帯を取り出し、岩に立てたままおとひめをB面にする。
10
うらしま
「ハイ、きれいな
帯ですよ」
11
おとひめ
「あ、あ、ありがとう。
ふう、びっくりしちゃった！」
おとひめをB面に戻し、たまてばこ(大)を岩(小)に立てる

12

うらしま「今度は小さい方です。
はい、これをどうぞ」
おとひめ「ありがとう」

★たまてばこ（小）を持つ。

13

おとひめ
「あ！　忘れてたけど
たまてばこって、
開けたら煙が出てきて、
たーくさん年を
とっちゃうのよね」

★おとひめをA面にする。

14

おとひめ「ど、どうしよう、どうしよう。
しかたがないわ！　そーっと……。**あらぁ～！**
白いものが出てきた。**もうダメー！**」

★たまてばこ（小）を両手で持って、ゆっくり開け、中のビニールを見せる。

15

うらしま
「だいじょうぶですよ。
これは大好きなおとひめさまのために
わたしが書いた、お誕生日の歌です」

★ビニールを開いて譜面を見せる。

16

おとひめ「まあ、そうだったの！　うれしいー！」
うらしま「では、オホン。
おとひめバースデイ・ソング を歌います。
会場のみなさまもごいっしょに！」

★うらしまと、おとひめのB面を持ち、「おとひめバースデイ・ソング」を歌う。

おとひめバースデイ・ソング
（「If you're Happy」の替え歌）

作詞：阿部直美　アメリカ民謡

あーら もったいなや

夏と言ったらおばけ！　こわいおばけが次々に出てきますが、主人公のおじいさんは、みんな直してしまいます。物を大切にする気持ちをはぐくむ物語です。

1

むかしむかし、
はたらきもののおじいさんがおりました。
ある日、山の中で道にまよってしまいました。
おじいさん「困ったなあ。今夜はここで寝るとするか」

演じる前の準備

おばけ、布をけこみ台の後ろに隠す。おじいさんをA面にして持つ。首にてぬぐいを和服のえりのようにかける。

用意するもの

- P.107～110の絵カード
- けこみ台
- 牛乳パック台1個
- 段ボール
- 画用紙
- 油粘土
- 割り箸
- 両面テープ
- てぬぐい
- 黒またはグレーの布やビニール

使用する絵カード

おじいさん

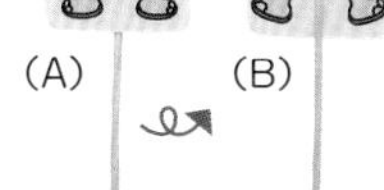

(A)　(B)

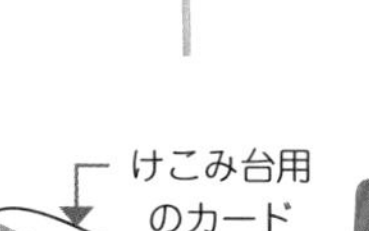

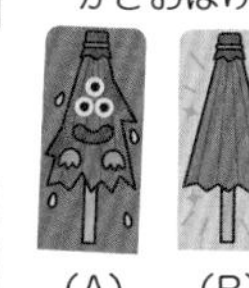

おかまおばけ

(A)　(B)

ぞうりおばけ

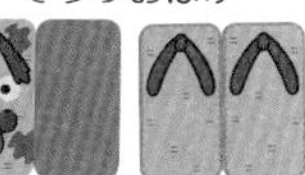

(A)　(B)

かさおばけ

(A)　(B)

ちょうちんおばけ

(A)　(B)

作り方

おばけ

けこみ台

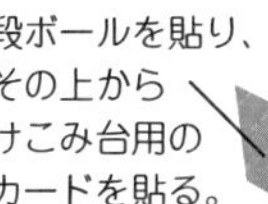

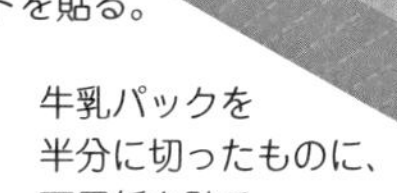

黒またはグレーの布やビニール

おばけの絵カードと、手が入るくらいの大きさを用意する。

牛乳パック台

※ P.5の作り方を参照。

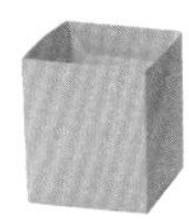

2

夜になると、
ヒュードロドロ……
何か出てきました。

★おじいさんを台に刺し、おかまおばけに布をかけ、振りながら出す。

3

おかまおばけ「おばけだぞ〜っ！
こわいだろう、
ヘッヘッヘッ」

★布をサッと取っておかまおばけのA面を見せる。布はけこみ台の後ろに隠す。（以下同様）

4

おじいさん「うわあ！
出たあ〜ひえ〜っ！」
おじいさんはびっくり。
おかまおばけ「おまえを
食べちゃうぞ〜っ！」と
おばけが近寄ってきました。
おじいさん「お、お、おまえは
おかまおばけ！」

★おじいさんをB面にして、おかまおばけを近づける。

5

するとおじいさんは
おじいさん「あら？　あら！
あーらもったいなや。
直せばまだまだ使えるよ」
と言って、
サッサッサッサッサッ
ドンドンドン
サッサッサッサッサ
ドンドンドン。

★おじいさんをA面にして、おかまおばけと打ち合わせる。

6

あっという間に
直してしまいました。

★おかまおばけをB面にしてけこみ台にはさむ。（以下同様）

7

ヒュードロドロ
また何か
やってきました。

★かさおばけのA面に布をかけ、振りながら出し、布を取り去る。

8

おじいさん
「わあ、出た〜っ！　ひえーっ！」
すると、出てきたのは、かさおばけ。

かさおばけ
「おまえを
食べちゃうぞ〜っ」

★おじいさんをB面にして持つ。

9

おじいさんは、
かさおばけに近寄ると
おじいさん「お、お、おまえは
かさおばけ。
あーらもったいないなや。
直せばまだまだ使えるよ」
と言って、サッサカ
ドンドン　サッサカ
ドンドンと……

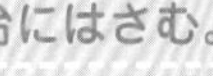

★おじいさんをA面にして、かさおばけを打ち合わせる。④⑤に準じる。

10

あっという間に
直してしまいました。

★かさおばけをB面にしてけこみ台にはさむ。

11

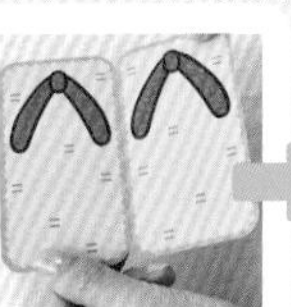

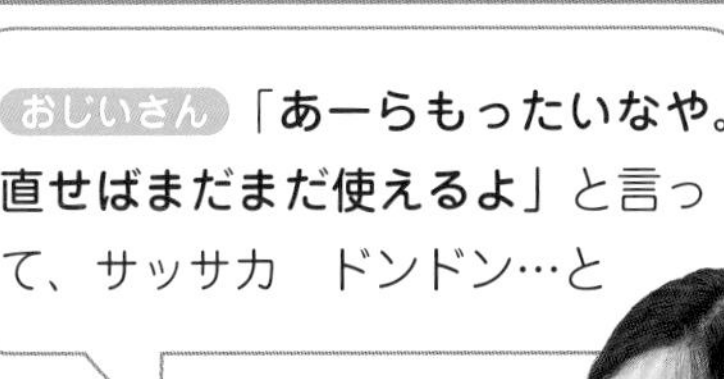

たたんだ状態で持っておく。

ヒュードロドロ またまた
何かがやってきました。
おじいさん「わあ、出たーっ！
ひえ〜　おまえはぞうりおばけ」

★②③④に準じる。

12

おじいさん「あーらもったいないなや。
直せばまだまだ使えるよ」と言って、サッサカ　ドンドン…と

★⑤に準じる。

13

あっという間に
直してしまいました。

★ぞうりおばけをB面にして開き、けこみ台の前に立てる。

14

ヒュードロドロ〜ン！
大きな音がして、また
何かが出てきました。
ちょうちんおばけ
「おばけだぞ〜。
こわいだろう〜」

★②③に準じる。

15

おじいさん「ひえ〜っ！　びっくり。
おまえはちょうちんおばけ！あーらもったいなや。
直せばまだまだ使えるよ」
サッサカ　ドンドン　サッサカ　ドンドン。

④⑤に準じる。

16

あっという間に
直してしまいました。
おじいさんの力で、
立派な道具がいっぱい！
おじいさんは大喜び！
幸せにくらしましたとさ。

★ちょうちんおばけをB面にしてけこみ台にはさみ、全ての道具を見せながら終わる。

ポイント

道具は切り込み線を前後に開くと、机の上に立たせることもできます。

子どもと作る 簡単おばけ

身近にある生活用品やおもちゃなど、主にプラスチックでできているものに目や口をつければ、あっという間におばけに変身します。はがしやすいように、マスキングテープで貼ります。子どもたちが作ったものをおはなしの中で使って演じてみましょう。

マスキングテープで貼るとはがしやすい

コップおばけ

ジョーロおばけ

シャベルおばけ

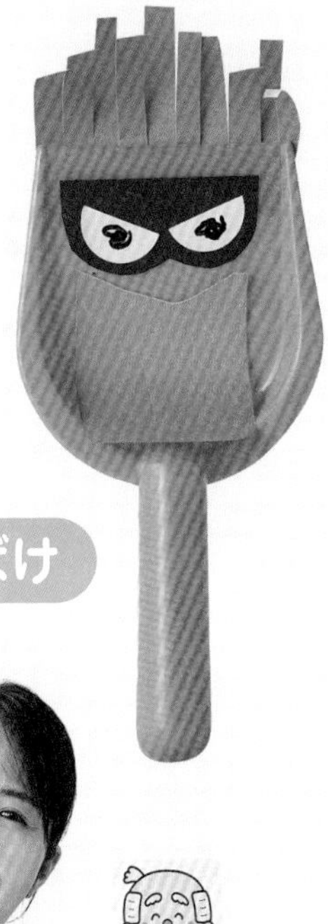

バケツおばけ

おはなしの中で使ってみてね！

おふろでジャンブラッコ

やさいたちがおふろに入りますが、大きなカボチャが入ったら湯があふれてしまいました。やさいたちの大騒動が楽しい、実りの秋にぴったりな作品です。

1

寒くなってきましたね。
寒い日は、おふろに入って
あったまりましょう。
ここは、やさい村の
おふろですよ。

舞台裏

けこみ台①

けこみ台②

空き箱
（高さが足りないときこのように空き箱で調整してください。）

演じる前の準備

タオルを首にかける。
けこみ台①②の後ろにやさいを隠しておく。

用意するもの

■P.111 ～ 116 の絵カード ■割り箸 ■両面テープ ■けこみ台① ■けこみ台② ■牛乳パック台４個 ■油粘土 ■カラービニール ■丸シール ■タオル ■空き箱（高さが足りないとき使用） ■セロハンテープ

使用する絵カード

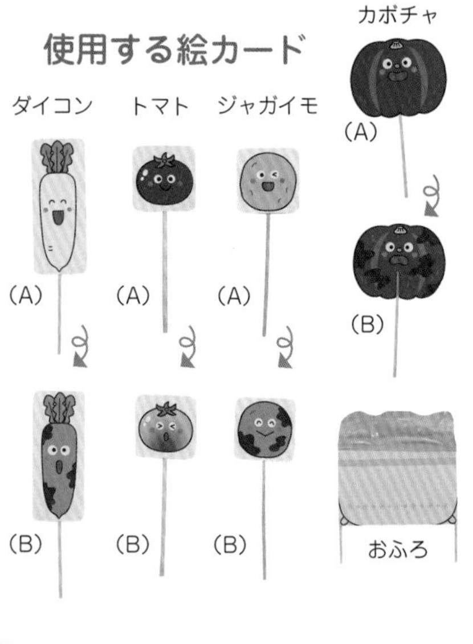

ダイコン (A) (B)
トマト (A) (B)
ジャガイモ (A) (B)
カボチャ (A) (B)
おふろ

作り方

おふろ

カラービニールを水に見立てて波形に切り、白い丸シールをしぶきのように貼り、おふろの絵カードにセロハンテープで貼る。

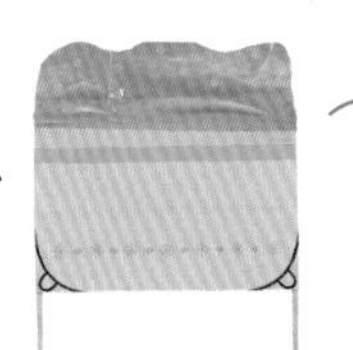

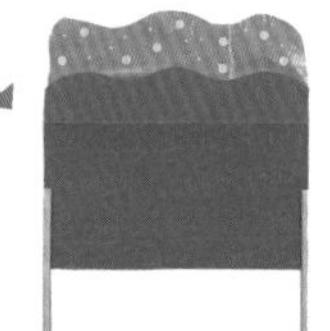

けこみ台①

※ P.5 の作り方を参照。

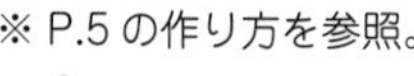

けこみ台②

※ P.5 の作り方を参照。

牛乳パック台

※ P.5 の作り方を参照。

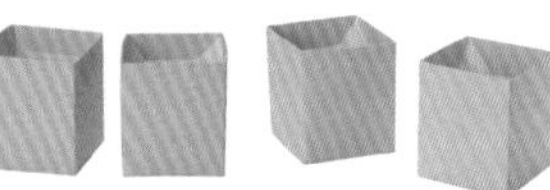

2

ダイコン「おーさむい。
おふろに入ろう」
と言ってやってきたのは
だれ？　ずいぶん
よごれていますね。
そう、ダイコンさんです。
さあ、タオルで
あらいましょう。

★ダイコンをB面にして登場させ、子どもたちに問いかける。

3

ジャンブラッコの歌
♪ジャンブラッコ
ドンブラッコ
たのしいおふろ
タオルでしっかりあらいます

★歌A～Bに合わせ、タオルでダイコンをこする。

4

ジャーン！　どうです？　みなさん。
♪ホラ　ホラ　きれいでしょう

★歌B～Cに合わせ、ダイコンをA面にして見せる。

5

さて、
湯ぶねに入りますよ。
ジャンブラッコの
ドンブラッコ
ダイコン
「ハア～いいお湯だ。
あったかーい」

★ダイコンをけこみ台②に刺す。

6

トマト「う～寒い。
おふろに入りたーい」
と、やってきたのはトマトさん。
寒くて青い顔をしてますよ。

★トマトをB面にして登場させる。

7

トマト
「ウ～ッ。ブルブル。
早くあらってあらって！」
トマトさんはタオルで１回
こすっただけで
トマト「さむーい」
ジャンブラッコ
ドンブラッコと、おふろに
とびこんでしまいました。
トマト「ハア～いい
お湯だ。あったかーい」

★トマトをタオルでこすり、けこみ台②に刺す。

8

かけ足でやってきたのは
どろんこのジャガイモさん。
ジャガイモ
「うわぁ、おふろって、
広くておもしろい！」

★ジャガイモをB面
にして登場させる。

9

ジャガイモさん、
遊んでたらだめですよ。
さあ、タオルでこすって、
どろを落としますからね。

10

ジャガイモ「ワーイ
つかまるもんか」
「まてまて」
ジャガイモ「ころころ」
「まてまて」
ジャガイモ「ころころ」
「まてまてーっ」
ジャガイモ「ごろり〜ん」

ジャガイモさんは
走りまわって
おふろに入りません。

★タオルを持って、ジャガ
イモを追いかける仕草を
し、最後に、台に刺す。

11

そのとき、
ダイコン
「いいお湯だった」と
ダイコンさん。
見てください。
ピッカピッカです。

★ダイコンを持ち、
子どもたちによく
見せる。

12

ダイコン「トマトさーん、
もう上がりましょうよ」
トマト「いや、まだまだ」
ダイコン「上がりましょうよ」
トマト「いや、まだまだ」
と言っていたら……

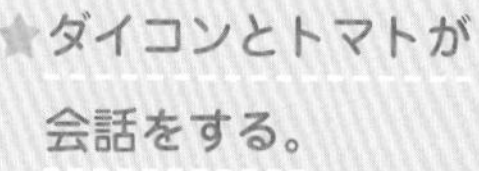

★ダイコンとトマトが
会話をする。

13

トマトさんは、まっかっかの
ピッカピカになってしまいました。
トマト「うーん、ちょっと
あったまりすぎて、フ～ラフラ」

★ダイコンを台に立て、トマトを抜き、A面にして、子どもたちによく見せたあと、ダイコンのとなりに刺す。

14

そのとき
カボチャ「**わたしもおふろに入って、ピッカピカになるぞーっ！**」
大きな声で、やってきたのはカボチャさん。

★カボチャをB面にして登場させる。

15

★カボチャをけこみ台②に刺す。
（※このときカボチャの棒がおふろに近づかないよう刺す）

ドドドドド……
とかけてきて、
ジャンブラッコ!!!
と、勢いよくおふろにとびこんだので……

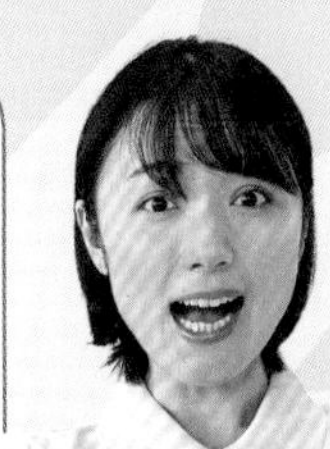

16

お湯が ザーザーザーザーザーッ と、
全部こぼれて
なくなってしまいました。

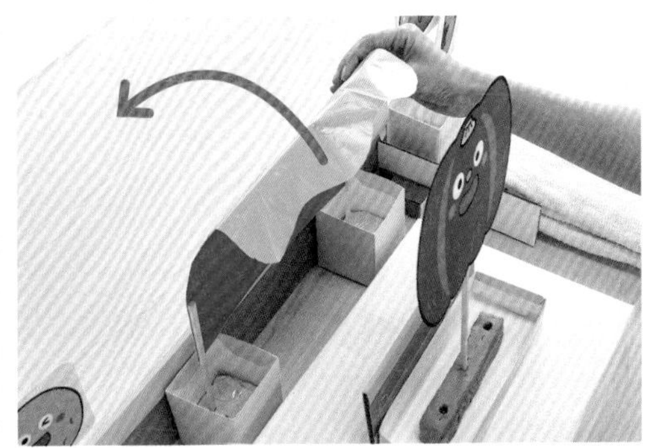

★おふろの後方の水（青いビニール）を前に倒す。

17

★台からジャガイモを取り、おふろをのぞく。

カボチャ「いやいや、これは大失敗！」
ジャガイモ「ありゃ、ぼくのお湯がないーっ！」

18

ジャガイモ「少しかお湯がないけど、入ってみよう」

★ジャガイモをおふろに入れて回す。

19

あら〜ちょっとよごれが落ちてないけどねぇ〜。少しはきれいになりましたよ。

★ジャガイモとカボチャをA面にして見せる。

20

いろーんなことがあったけど、**「でもおふろはたのしいよね！きもちがいいよね」**と、やさいたちは、大喜びで、帰って行きましたよ。

おしまい！

★ダイコン、トマト、カボチャ、ジャガイモを持ち、自由に振りながら「ジャンブラッコの歌」A〜Cを歌いながら終わる。

ジャンブラッコの歌
（「静かな湖畔」の替え歌）

作詞：阿部直美
スイス民謡

おべんとうはたのしいな

おべんとうばこの中身を見ながら、だれのおべんとうかを、みんなで考えてみましょう。手あそび歌に発展できます。

演じ方動画付き

1

おべんとうばこが
あります。
う～ん　おいしそうな
においがしますね。

演じる前の準備
それぞれのおべんとうばこに、食べ物を差し込んでおく。

用意するもの　P.117 ～ 124 の絵カード

使用する絵カード

おべんとうばこ（ネコ）

ししゃも　さんま　いわし　にぼし

おべんとうばこ（ウサギ）

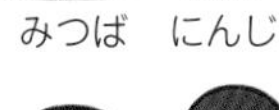

みつば　にんじん　いも　しいたけ

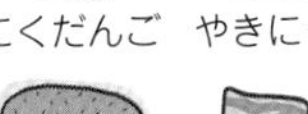

おべんとうばこ（ライオン）

にくだんご　やきにく　トンカツ　ベーコン

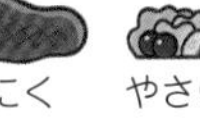

おべんとうばこ（子ども）

にく　やさい　ごはん（おにぎり）　さかな

作り方

（注）食べ物を差し込む場所は自由。

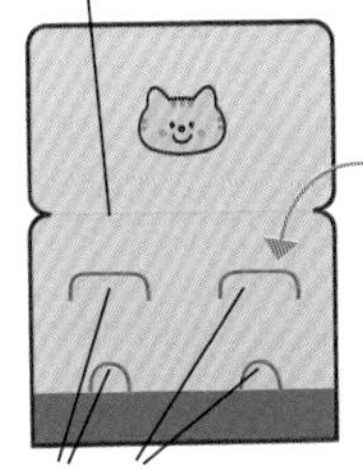

2

ふたを開けて
みましょう。

★手でおべんとうばこのネコを隠し、すばやく折る。

3

わあ、おさかなが
いっぱい。
このさかなは、
何かわかるかな？
そう、**いわし**。

★おべんとうばこから、いわしを取り出す。子どもに問いかけ、答えが出たら、おべんとうばこに戻す。（以下同様。）

4

小さいおさかなですね。
これは、かわいてますよ。
そう、**にぼし**。

★にぼしを取り出す。

5

大きくて長いおさかな、
は当たり！ **さんま**です。

★さんまを取り出す。

6

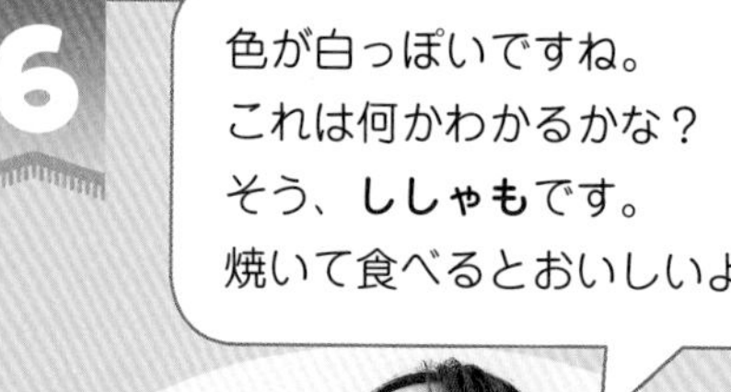

★ししゃもを取り出す。

7

ねえ、このおべんとうって
おさかなばっかり入ってますよ。
いったいだれのおべんとうか、
みんなはわかるかな？

★子どもたちに問いかける。

8

そうです。
おさかなが大好きな、
ネコさんのおべんとうでした。

★おべんとうばこのふたを折り上げ、ネコを見せる。

9
ウサギ
このおべんとうばこは
誰のかな？
★おべんとうばこ
（ウサギ）を持つ。
10
やさいがいっぱいの
おべんとうだね！
★手でおべんとうばこ
のウサギを隠し、す
ばやく折る。
11
このやさいは
何かな？
★おべんとうばこから、さつまい
もを取り出し、子どもたちに問
いかける。答えが出たらおべん
とうばこに戻す。（以下同様）
12
このやさいは
何かな？
にんじんを
取り出す。
13
このやさいは
何かな？
みつばを
取り出す。
14
このやさいは
何かな？
しいたけを
取り出す。
15
だれのおべんとうか、みんなはわかったかな？
おやさい大好きなのは……
ハイ、ウサギさんのおべんとうでした。
★おべんとうばこのふたを折
り上げ、ウサギを見せる。

16
ライオン
このおべんとうばこは
だれのかな？
★おべんとうばこ（ライオン）を持つ。
17
おにくが
いっぱいの
おべんとうだね！
★手でおべんとうばこのライオンを隠し、すばやく折る。
18
このおにくは
何かな？
★おべんとうばこから、にくだんごを取り出し、子どもたちに問いかける。答えが出たらおべんとうばこに戻す。（以下同様）
19
このおにくは
何かな？
ベーコンを取り出す。
20
このおにくは
何かな？
やきにくを取り出す。
21
このおにくは
何かな？
★トンカツを取り出す。
22
だれのおべんとうか、
みんなはわかったかな？
おにく大好きなのは……
ハイ、**ライオンさん**のおべんとうでした。
★おべんとうばこのふたを折り上げ、ライオンを見せる。

23
この
おべんとうばこは
誰のかな？
子ども
おべんとうばこ(子ども)を持つ。
24
いろいろ
入っていますね。
手でおべんとうばこの子どもを隠し、すばやく折る。
25
これは何かな？
にくを取り出す。
26
これは何かな？
さかなを取り出す。
27
これは何かな？
ごはん(おにぎり)を取り出す。
28
これは何かな？
やさいを取り出す。
29
いただきます
栄養満点です。
こんなおいしそうな
おべんとうは……
そうです。みんなの
おべんとうですよ。
さあ、みんなも
おいしいおべんとうを
残さず食べようね！
おべんとうばこのふたを折り上げ、子どもの顔を見せる。

おべんとうはたのしいな

作詞・作曲：阿部直美

手あそび

遊びながら、歌詞に合わせ１から10までの数を、指で出します。

1 おべんとうは　たのしいな

「お」は動作をせず、「べん」で両手をグーにしてひじを曲げ、胸の前で交差する。「とう」でグーのままひじを上げる。これを繰り返す。

2 ふたをあけたら　とびだすよ

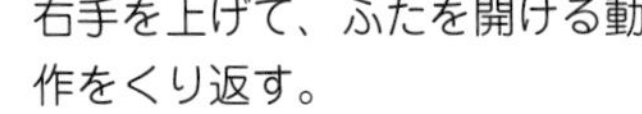

右手を上げて、ふたを開ける動作をくり返す。

3 イワシ

指で「1」を示す。

4 ニボシ

指で「2」を示す。

5 サンマに

指で「3」を示す。

6 シシャモ

指で「４」を示す。

7 おさかないっぱい

両手を上からひらひらと振りながら下ろす。

8 これネコさんのおべんとう

②と同じ。

※２番は１番と同じ。３～４番は１番に準じます。食べ物の名前の部分は、言葉に合わせて指を変えます。

３番：ニクダンゴ(2)
　　　ベーコン(右の★参照)
　　　ヤキニク(8)
　　　トンカツ(10)

４番：ニク(2)　サカナ(3)
　　　ゴハン(5)　ヤサイ(8)

★ベーコンは「あっかんべー」をして頭を「コン」とたたくと面白いでしょう。

なぞなぞハロウィン

おばけたちのなぞなぞに答えながら、おはなしを進めます。最後には、本物のアメが出てくる、だれでもすぐできる、簡単手品のおまけ付きです。

演じ方動画付き

1

みなさん、きょうはハロウィン。
古いお城から歌声が聞こえてきます。

ハッピーハロウィン

♪かぼちゃのおばけも
こうもりも
こわれたふるーいおしろから
にこにこわらってやってきた
こわくはないぞ
ハロウィンハロウィン
（A～Bを歌う）

演じる前の準備

本物のアメを、机の下に貼って隠しておく。
歌いながらお城を指さす。

用意するもの

- P.125 ～ 128 の絵カード
- 牛乳パック台４個
- 画用紙
- 本物のアメ
- クラフト紙
- 黒のペン
- 段ボール
- けこみ台
- 両面テープ

使用する絵カード

カボチャのおばけ

コウモリおばけ

紙のアメ

カップケーキ

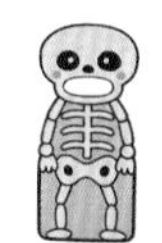
ガイコツ

まほうつかい

チョコレート

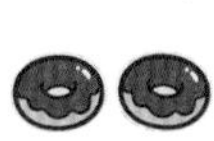
ドーナツ

作り方

カボチャのおばけ　ガイコツ　コウモリおばけ　まほうつかい

絵カードの裏を、牛乳パック台に貼りあわせる。

けこみ台

※ P.5 の作り方を参照。

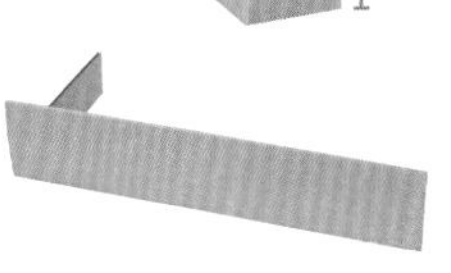

お城

クラフト紙に黒のペンでお城を描き、それを丸めてからシワをつけてから広げ、段ボールに貼り、けこみ台に貼って立たせる。

2

わあ！ カボチャのおばけとコウモリおばけだ。

カボチャのおばけ
「おかしをくれなきゃいたずらするぞ〜っ」

コウモリおばけ
「いたずらしちゃうからね〜っ！」

★カボチャのおばけ、コウモリおばけを登場させる。

3

おばけさん、いたずらするってどんないたずらするの。

★カボチャのおばけを持ち、会話をする仕草をする。

4

カボチャのおばけ
「それはね〜。なぞなぞに答えるとわかるんだよ〜っ。パンは〜パンでもぉ〜食べられないパンはなーんだ」
みんなは答えがわかる？

（子ども）
フライパン

「大当たり。いたずらは、みんなの給食のパンをまほうの力でフライパンにしちゃうぞ」

★なぞなぞを出し、子どもの答えを待つ。

5

えっ、それは大変。おかしをあげますから、パンにまほうをかけないでください。ハイ、ドーナツをどうぞ。

カボチャのおばけ
「やったあ〜。おいしい〜。もうひとつちょうだい」

★かぼちゃのおばけを机の上に置き、ドーナツを口に入れる。

6

コウモリおばけ
「こんどはもっと難しいよ。イスはイスでもつめたーいイスはなんだ」

（子ども）
アイス

「当たりー！ みんなのイスを冷たーいアイスにしちゃうのさ」

★なぞなぞを出し、子どもの答えを待つ。

7

えっ！　それは大変。
おかしをあげますから、
まほうをかけないでください。
ハイ、カップケーキをどうぞ。

コウモリおばけ

「うひょーっ！
あまくておいしい！」

★⑤と同じ。

8

こんどは……
キャ〜ッ！
お城から、
まほうつかいと
ガイコツが…。
「おかしをくれなきゃ、
いたずらしちゃうぞ」

★まほうつかい、ガイコツを登場させる。

9

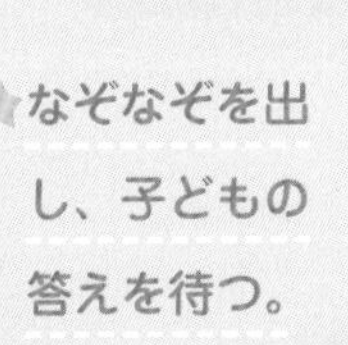

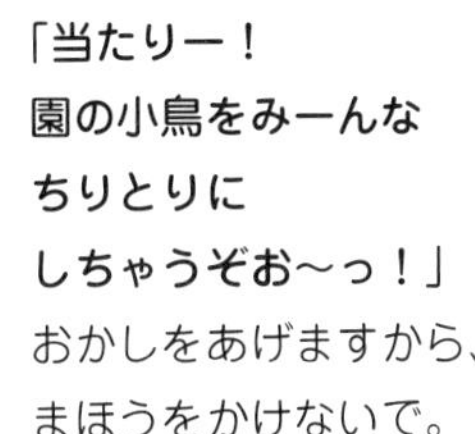

ガイコツのいたずらは……。

ガイコツ

「鳥は鳥でも
おそうじのときに
やってくるとべない鳥は
なーんだ」

（子ども）
ちりとり

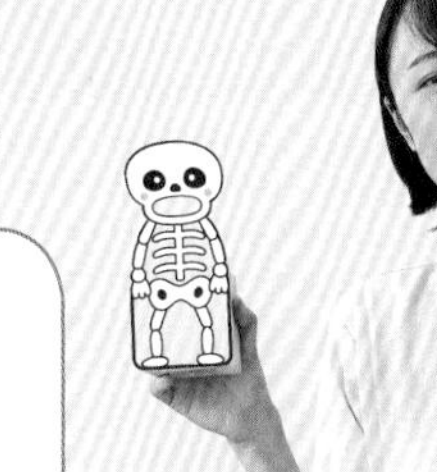

「当たりー！
園の小鳥をみーんな
ちりとりに
しちゃうぞお〜っ！」
おかしをあげますから、
まほうをかけないで。

★なぞなぞを出し、子どもの答えを待つ。

10

★チョコレートを出す。

ハイ、
チョコレート。

11

ガイコツ

「なんて
おいしいんだ！」
あらーっ、紙まで
食べちゃった。

★⑤と同じ。

12

まほうつかいの
いたずらは……。

まほうつかい

「星は星でも
すっぱーい星は
なんだ」

「みんなをうめぼしに
しちゃうぞお」

（子ども）
うめぼし

★なぞなぞを出し、子どもの答えを待つ。

13
おかしをあげますから、
まほうをかけないで！
ハイ、アメです。
★紙のアメを
よく見せる。
14
そのときまほうつかいが
「やだやだ
紙のアメじゃなくて
本当のアメがいい～」
と言いました。
★だだをこねる。
仕草をする。
15
あら～こまったな…
このままだと
○○組のみんなが
うめぼしになっちゃう。
ウーント、エーット
困った、困った……。
16
そうだ、こんなときは
ハロウィンのおまじない。
左手
●紙のアメを左手で持つ。
★紙のアメを見せながら。
右手で、机の下から本
物のアメを取る。
17
●右の手の甲を子どもたちに見
えるようにして、本物のアメ
を握っておく。
右手
本物のアメ
★右ひとさし指で左手の紙のアメ
にまほうをかける仕草をする。
トリック オア
トリート
●手のひらを自分の方にむけ、素早
く親指で紙のアメを内に折ると紙
のアメが消えたように見える。
左手

18

ハッピーハロウィン！

★右手をひらき、本物のアメを見せる。左手の紙のアメは、お城の裏に隠す。

19

はい、本物のアメが出てきました。

★本物のアメの紙をひらき、中を見せ、再び紙をとじる。

20

ほんとにほんとに本物です。

まほうつかい

「わーい　やった！
すごーい」

★まほうつかいの口の中に入れる。

21

ハッピーハロウィン

♪ハッピー ハロウィン（ハロウィン）
ハッピー ハロウィン（ハロウィン）
こんやはおばけと
ともだちだ（ハロウィン）

★「ハッピーハロウィン」B～Cを歌って終わる。

ハッピーハロウィン

作詞・作曲：阿部直美

秋 やさいのうんどうかい

絵カードをシャッフルして、かけっこで１番になるやさいを当てるゲーム性のある紙芝居です。実況中継をするような気持ちで楽しみましょう。

演じ方動画付き

1

きょうはやさいの
うんどうかいです。
やさいたちのかけっこが
はじまりますよ。
だれが１番になるかな。

演じる前の準備

絵カードを①を右手に、②〜⑤を重ねて左手に持つ。

用意するもの

- P.129 〜 138 の絵カード
- けこみ台（※動画では、絵カードの取り扱い方がわかるように、けこみ台は使用していません。）

使用する絵カード

（表）① ② ③ ④ ⑤

（裏）⑥

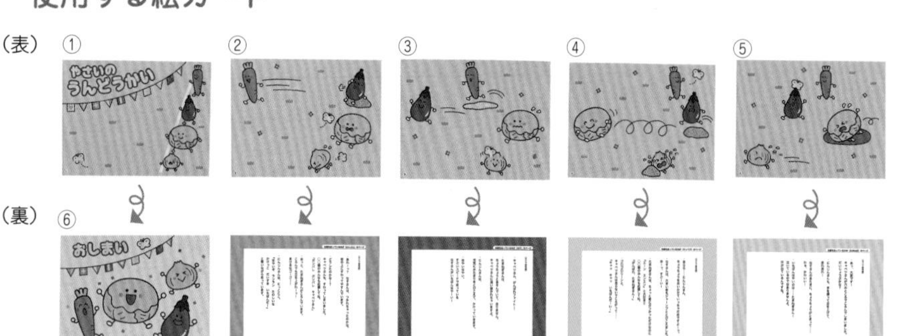

※絵カードの裏には、そのページのセリフの参考例が書いてあります。

作り方

けこみ台

※ P.5 の作り方を参照。

みんなはどのやさいが
1番になると思う？
にんじんさんと思う人は
手を上げて…
なすさんと思う人は？
キャベツさんだと思う人…
あれ、たまねぎさん
泣きべそかいてるけど、
だいじょうぶかな？

絵カード①

★絵カード①を見せ（以下「絵カード」省略）、自分の応援するやさいを、子どもたちに決めてもらう。

みんな、自分の応援する
やさいが決まりましたね。
ではカードを混ぜますよ。

★①を机の上に置き、②～⑤を子どもたちに見せないよう（順不同になるよう）混ぜる。

パンパカパーン！
やさいのうんどうかい。
かけっこの
はじまりはじまり。
ヨーイ… **ドン**

★①をシャッフルした4枚の上に重ねて持つ。セリフにあわせ①をゆっくり右に引き抜く。

はじまったばかりなのに、
なすさんは、もう
つかれちゃったみたい！
にんじんさんが1番です。

絵カード②

★②を見せ、絵柄にあわせ自由にセリフを言う。

〈注〉本書では、シャッフルした絵カードを②③④⑤の順にならべてあります。

6

ファイトだそれ行けの歌

♪ファイトだ　それゆけ　まえみて　はしれ
きょうは　たのしい　うんどうかい　ヘイ

あんなに疲れていた
なすさんがはやいはやい！

絵カード③

★「ファイトだそれ行けの歌」を歌いながら、
②を右に引き抜く。
歌いながら②をけこみ台の後ろに置く。
③を見せ、自由にセリフを言う。

7

みんなも
歌って応援してね。

キャベツさんが
ゴロゴロリーンと
ころがって…1番です。

絵カード④

★③を引き抜き④を見せる。

8

さあいよいよ最後です。
ゴールは目の前！

なんと1番は
たまねぎさん！
泣いているのでは
ありません。
汗かいているんです。

絵カード⑤

★④を引き抜き⑤を
見せる。

9

おめでとう！
たまねぎさん。

★先頭のやさいを一番に
するセリフを言う。

10

おしまい！

勝っても　負けても
ころんでも
力いっぱい走ると
気持ちがいいね。
やさいたちは
みんなにっこにこ！

絵カード⑥
（絵カード①の裏）

★けこみ台の後方から⑥を取り出し、⑤の上に重ねる。

アレンジ

一度演じ終わったら、「では２回戦」などと言って、②～⑤を再度シャッフルして、繰り返して遊んでみましょう。

２回戦
だよ！

盛り上がるコツ

エイエイ
オー！

自分の応援する野菜がでてきたら、「三・三・七拍子」の拍手をしたり、「エイエイ　オーッ」などのかけ声をかけるなどして、遊びに参加するようにします。

楽譜　ファイトだそれ行けの歌
（「アルプス一万尺」の替え歌）

作詞：阿部直美
アメリカ民謡

サンタさんからプレゼント

クリスマスに子犬たちが、サンタさんにおねがいをします。サンタさんは、みんなのねがいを叶えてくれるかな。紙コップの中にプレゼントを隠す、手品要素もある出し物です。

演じ方動画付き

1

もうすぐクリスマス。
4匹の子犬の
きょうだいは
サンタさんに
おねがいしました。

演じる前の準備
紙コップの子犬たちを並べる。
けこみ台の後ろに家、プレゼント3点、ケーキ、サンタクロースを隠す。

用意するもの
■P.139～142の絵カード ■紙コップ4個 ■のり ■割り箸 ■両面テープ ■段ボール ■画用紙 ■黒のペン ■丸シール ■けこみ台 ■セロハンテープ

使用する絵カード

子犬

クロわんちゃん

シロわんちゃん

チャわんちゃん

プチわんちゃん

サンタクロース

(A) (B)

ケーキ

プレゼント

パトカー 本 茶碗

作り方

子犬たち

紙コップに、絵カードの子犬をのりで貼る。

プチわんちゃんは、他の子犬より小さな紙コップに貼る。

家

えんとつの模様を黒のペンで描く。

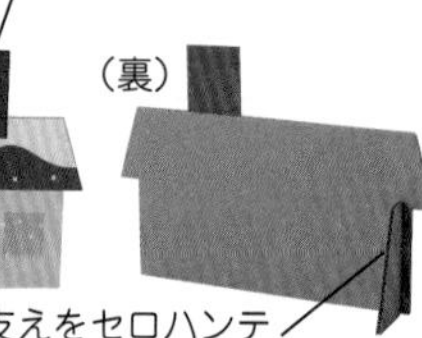
(表) (裏)

ダンボールに画用紙や丸シールを貼る。

支えをセロハンテープで貼る。

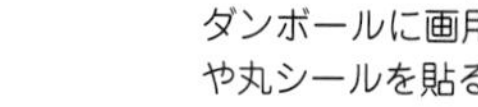

ケーキ

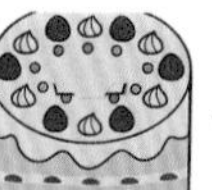
(表)

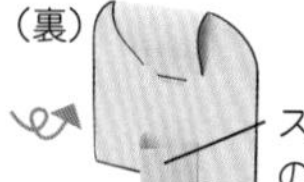
(裏)

ストッパーをのりで貼る。

けこみ台

※P.5の作り方を参照。

2

クロワんちゃん

「ハーイ　ぼくは
クロワんちゃん。
サンタさんおねがい！
パトカーがほしいでーす」
とっても大きな声で
言いました。

★クロワんちゃんを持って
セリフを言う。（以下同様。）

3

シロワんちゃん

「ハーイ　ぼくは
シロワんちゃんだよ。
サンタさんおねがい！
溶けないゆきだるまが
ほしいでーす」
とっても元気に
言いました。

4

チャワんちゃん

「ハーイ　ぼくは
チャワんちゃんだよ。
このまえ、お茶碗
わっちゃったからね…
サンタさんおねがい！
新しいお茶碗が
ほしいでーす」
とってもとっても
大きな声で言いました。

5

プチワんちゃん

「ハーイ　わたしは
プチワんちゃんだよ。
エートね　エートね
わたしがほしいのは
」
うーん、
プチワんちゃんの声
よく聞こえなかったけど…
サンタさんわかったのかな？

★プチワんちゃんのセリフ
を少し小声にして言う。

6

さあ　はやく寝よう。
そうしよう
そうしよう。
おやすみなさーい。

★子犬たちの前に家を立てる。

★それぞれの紙コップにプレゼントを入れる。

- クロわんちゃん→パトカー
- シロわんちゃん→本
- チャわんちゃん→茶碗
- プチわんちゃん→何も入れない

7

みんなが
寝てしまった
夜のことです。

ホイホイ・クリスマスの歌１番

♪サンタのおじさんやってきた
しずかにそっとやってきた
すてきなすてきなプレゼント
ホイホイクリスマス

★サンタを登場させ、１番を歌う。

8

こうして
サンタさんは
帰って行きました

★サンタクロース（Ａ・Ｂ面どちらでもよい）を持って、家のまわりを大きく動かしたあと、けこみ台の後ろに退場させる。

9

朝に
なりました。

★家を取り、けこみ台の後ろに隠す。

10

クロわんちゃんが起きてきて、

クロわんちゃん
「プレゼントあるかな…
見てみよう」

★クロわんちゃんを手のひらに乗せる。
※紙コップの中のプレゼントを隠しながら手のひらにのせるには、紙コップごと、机の端まで引いてのせるとよい。

11

クロわんちゃん
あった!
おもちゃのパトカーだわーい。
すてきなプレゼントだワン。
サンタさんありがとう。

★中のパトカーを出し、子どもたちによく見せ、机の上に置く。(以下同様)

12

シロわんちゃんも起きてきて、

シロわんちゃん
「プレゼントあるかな…見てみよう。
あった！　ゆきだるまの本だ！
これなら溶けてなくなっちゃったりしないよネ。わーい。
すてきなプレゼントだワン。
サンタさん　ありがとう」

★⑩に準じ、シロわんちゃんのプレゼントを見せる。

13

チャわんちゃんも起きてきて、

チャわんちゃん

「プレゼントあるかな……
見てみよう。あった！
新しいお茶碗だ。
わーい。
すてきなプレゼントだワン。
サンタさん　ありがとう」

★⑩に準じ、チャわんちゃんのプレゼントを見せる。

14

すると、
プチわんちゃんも
起きてきました。

★プチわんちゃんを手の平にのせる。

15

プレゼントあるかな…
と…のぞいてみると…

プチわんちゃん

「あ～っ…ない！
ない！　ない!!」

★紙コップを持ち上げる。

16

クロわんちゃん

「大きな声でおねがい
しなかったから、
サンタさんに聞こえなかったんじゃない？」

プチわんちゃん

「エーン　どうしよう」

★クロわんちゃんとプチわんちゃんが会話をする。

17

サンタクロース

「おーい　おーい　ホイホイホイ
プチわんちゃんのプレゼントは
大きすぎて遅くなったけど、
いまとどけに来たよ」

★サンタクロースとケーキを重ねて持つ。

18

プチわんちゃん
「おねがいしてた大きなケーキだ！」
すごいね　小さな声でもサンタさんはちゃんと聞いていてくれたんだね。
それでは、
ケーキにロウソクを立てましょう。

★サンタクロースを置き、ケーキのろうそくを折って立てる。
※牛乳パック台を使ってサンタクロースを立ててもよい。

19

サンタクロース
「でもプチわんちゃんって
小さいのにどうしてこんな
大きなケーキがほしいの？」
すると……

20

ホイホイ・クリスマスの歌２番
♪みんなでいっしょにたべたいな
おおきなケーキはおいしいな
すてきなすてきなプレゼント
ホイホイクリスマス

クロわんちゃん
「そうか、プチわんちゃんは
みんなで食べようと思って」

シロわんちゃん
「それで大きなケーキが
ほしかったんだね」

チャわんちゃん
「やさしいね。ありがとう！」
とってもとっても楽しい
クリスマスになりましたよ。

★ケーキを囲んで、
２番を歌いながら
終わる。

楽譜 ホイホイ・クリスマスの歌

（「A Little Cabin in the Wood」の替え歌）

作詞：阿部直美
アメリカ民謡

十二支のおはなし

折った絵カードを物語にあわせて、広げたり、閉じたりします。ねこと、ねずみは、絵カードの中で動かすことができる、楽しいしかけ付きの本型の出し物です。

演じ方動画付き

1

みんなは、十二支って知っていますか。
年ごとに、動物の名前がついているんです。
今年は○年…来年は△年ですよ。
この十二匹の動物の名前がなぜ決まったのでしょう。
十二支のおはなし、はじまりはじまり！

演じる前の準備

ねことねずみは③の草(大)(小)にそれぞれ差しておく。

用意するもの

- P.143 ～ 148 の絵カード
- メンディングテープ
- のり

作り方

草（小）のストッパーを貼る。

草（大）のストッパーを貼る。

③と⑧、⑨と⑩をメンディングテープで貼り、つなげる。

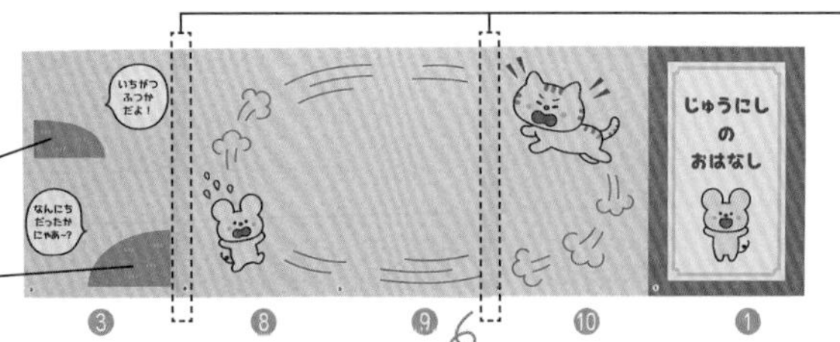

うしの背にうしのストッパーを貼る。

岩のストッパーを貼る。

ねこ

ねずみ

2

むかしむかし神様が、
動物たちを集めて言いました。
「1月1日の朝、ここに
早く来たものから順番に、
動物の王様にしてあげよう。
そして1年ずつ交替で
人間のせかいを守るのじゃ」

★②を見せる。

3

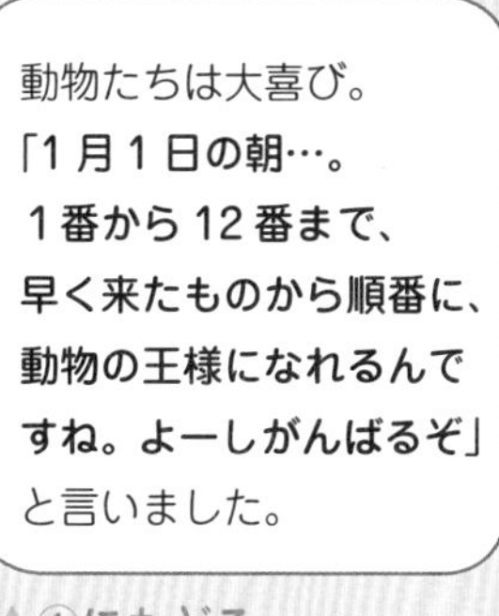

動物たちは大喜び。
「1月1日の朝…。
1番から12番まで、
早く来たものから順番に、
動物の王様になれるんで
すね。よーしがんばるぞ」
と言いました。

★①にもどる。

4

ところがねこは、この話をよく聞いていませんでした。
ねこ「ニャンとしても、1番になりたいなあ
……でもあれ、1月何日だったっけ？　こまった、
思い出せない。そうだ、ねずみさんに聞いてみよう」
ねこ「ねずみさん、
神様のところへ行く日は、何日だったかなあ？」

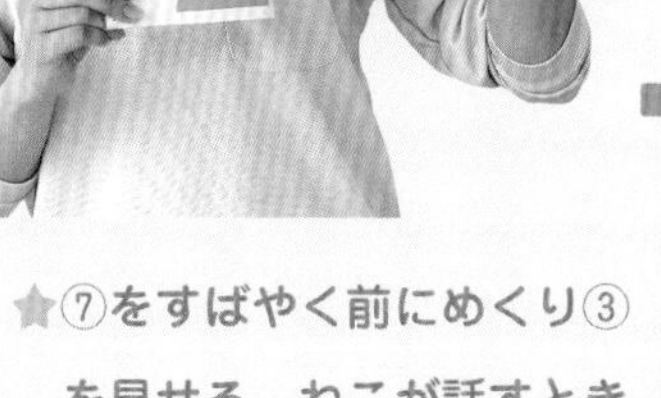

★⑦をすばやく前にめくり③を見せる。ねこが話すときはねこを、ねずみが話すときはねずみを指さす。

ねずみ「びっくりでチュウ！
ねこさん、だいじな日にちを
わすれたみたい。そうだ。
いいこと考えたでチュウ！
1月の2日ですよ」

ねこ「そうだった…
1月2日だったよね。
ありがとう！
1月2日……1月2日」

★草のストッパーから取り出す。

ねずみ「フ、フ、フ、
よーし　ぜったい1番に
なっちゃうでチュウ～。」

★ねこを机の上に置き、ねずみも机の上に置く。

5

さて、他の動物たちは
どうしていたでしょう。

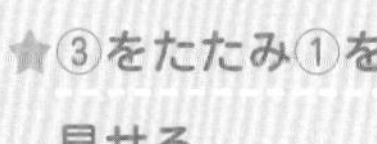

★③をたたみ①を見せる。

6

うしさんは、
「わたしは歩くのが遅いから、
1月1日に間に合わない。
モウー。前の日から
ゆっくり歩いていこう」
と、歩き出しました。

★①をすばやく折り、⑩と⑨の間にはさみ、④を見せる。

7

これを見ていたねずみは、
ねずみ「**歩くのはめんどうでチュウ。そうだ、うしさんの背中にこっそり乗っかって、つれていってもらおう。それ！**」

★うしの背のストッパーにねずみを差す。

8

1月1日になりました。
神様「**おお、こんなに早くからだれか来たぞ。ホウ、1番はうしさんじゃな**」

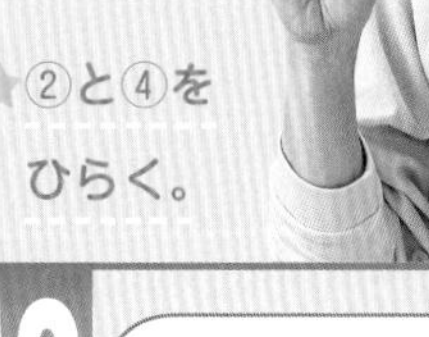

★②と④をひらく。

9

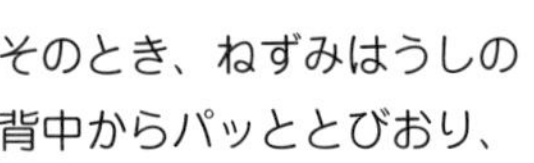

そのとき、ねずみはうしの背中からパッととびおり、
ねずみ「**神様ーっ。1番はねずみで、ございまチュウ！**」
神様「**おや、びっくり。1番はねずみさんだったのか。では、ねずみがいちばーん！**」

★うしからねずみを取り、岩のストッパーに差す。

10

うしは、わたしは、**2**番。
モウーほんとうに、まにあってよかった
とらは、ガオーッ。ひとあし遅かった。
でも**3**番！

11

うさぎはぴょんぴょんかけあしはやいでしょ。ワーイ**4**番！
たつはビューン。そらをとんできたぞ、**5**番！
へびはくにゃくにゃまがりながら来たから、くたびれたあ。**6**番！
うまはパカパカ走ってきたけどとちゅうで草をたべてたから、**7**番！
ひつじはメェーメェー。これでもがんばってかけてきたのよ、**8**番！
さるはキャッキャッ。きのう木からおちて、足がいたくて…、**9**番！

★⑤⑥をひらく。

12

にわとりはコケコッコーッ。
めずらしくねぼうしちゃった、**10**番！
いぬはワンワン。まだだいじょうぶ？
よかった、**11**番！
いのししはまってーまってくれーっ。
おいらもなかまに入れてくれーっ。
ドドドドド。やったあ！ **12**番。
こうして12匹がそろいました。

★⑦をひらく。

13

みんなは元気に歌いました。

そろったそろったの歌

♪ねずみに　うし　とらに
うさぎ　たつに　へび
うま　ひつじ　さるに
にわとり　いぬ　いのしし
そろった　そろった
じゅうにひき

★動物を指さしながら歌う。「そろったそろったの歌」を歌い、最後にねずみを取り出し、机の上に置く。

14

ところで…ねこは
どうなったのでしょう。
1月2日の朝です。

★①を見せる。

15

ねこ「かみさまあっ。やってまいりましたよっ。ニャンとだれもいない。1番だ！」
神様「ねこや何をねぼけているのじゃ。
順番をきめるのは、
1月1日の朝と
言ったぞ」

★②を見せ、ねこを出す。

16

ねこ「そんな…そんなことって…。
だって、ねずみさんが…」
神様「ねずみなら、
1月1日に1番にやって来たぞ」
ねこは、ねずみにだまされたことに気がつきました。

★ねこを岩のストッパーに差す。

17

くやし〜い
ニャンニャ〜ン。

★本をたたむ。

18

そのとき、
ねこ「あっ！　ねずみだ。まて〜っ」
神様「ごめんなさいでチュウ〜」
今でもねこは、ねずみを見ると
追いかけているということですよ。

★①と③を折り、⑧⑨⑩をゆっくりひらいて終わる。

楽譜　そろったそろったの歌

作詞・作曲：阿部直美

手洗いパンダくん

手を洗わずにごはんを食べようとするパンダくんを、バイキンたちがねらっています。石けんマンはパンダくんを助けられるかな？

1

パンダくんが、
外遊びから帰ってきました。
さあ、お昼です。
**パンダ「ぼくの手よごれてないもん。
手洗いしないで、
ごはんを食べても
だいじょうぶだよね」**

演じる前の準備

ドクターダマカス、バイキン、泡、ピカピカビーム、石けんマンをけこみ台の後ろに隠す。牛乳パック台はけこみ台の左右に置く。パンダはＡ面にして持つ。

用意するもの

- P.149～152の絵カード
- 割り箸
- 両面テープ
- けこみ台
- 牛乳パック台２個
- 油粘土

使用する絵カード

作り方

けこみ台

※ P.5の作り方を参照。

牛乳パック台

※ P.5の作り方を参照。

2
すると突然……
ドクターダマカス（以下「ダマカス」）
「もしもしパンダくん。私は有名なお医者さん、ドクターダマカスです。手なんか洗わなくてもだいじょうぶですよ」
パンダ「そうだよね」
★ダマカスのA面を出す。
3
パンダ「ねえみんな、手洗いしなくてもだいじょうぶだよね」
★パンダをB面にして、子どもたちに問いかける。
4
★パンダとダマカスは台に刺し、石けんマンと泡を重ねて持つ。
そのとき、石けんマンが空をとんでやってきました。
石けんマン
「パンダくん、ドクターダマカスにだまされてはいけませんよ」
5
ダマカス「ウッ、見やぶられたか」
★ダマカスをB面にし、台に刺す。石けんマンの後ろから泡を取り出す。
6
石けんマン「それっ！　泡ぶくパンチ！」
ダマカス「うわあっ」
石けんマン「それパンチ！」
ダマカス「石けんマンにやられたあ。しまった。泡につつまれちゃった。たすけてーっ」
石けんマン「まてーっ」
★泡をダマカスに自由に当てたあと、泡とダマカスをいっしょに持つ。石けんマンが追いかけひとまわりし、泡とダマカスはけこみ台の後ろに隠す。

7

ところが…
バイキン「よくもおいらたちの親分をやっつけたな〜」
黒いけむりの中から声がします。
やや、たくさんのバイキンたちが出てきました。

バイキン「石けんマンには負けないぞ」

★けむりをゆっくり出し、裏返して、バイキンを見せる。

8

バイキン「エイヤー　エイヤー　エイヤー　エイヤー　エイーッ」
石けんマン「うわあぁ…」
バイキン「へへへ。石けんマンなんてこわくはないぞ！」

★バイキンと石けんマンを打ち合わせ、石けんマンよろけさせながら、パンダの後ろに刺す。

9

★歌いながらバイキンを見せ、けむりを見せ、またバイキンを見せる。歌い終わったらバイキンを台に刺す。

バイキンさまの歌

♪バイキンさまはだいすきだあ
てあらいしないこ
だいすきだあ
あなたにびょうきを
プレゼント
なかよくしましょう
おともだち
ヒッヒッヒッヒィー

10

★石けんマンとピカピカビームをけこみ台から取り出し、重ねて持つ。

石けんマン「よーしバイキンなんかにまけないぞ」

11

石けんマン「ウルトラ石けんピカピカビーム!!」
バイキン「うあっ！」

★石けんマンの後ろからピカピカビームを取り出し、A面→B面→A面→B面……と表裏にしながら、バイキンに当てる。

12

石けんマン
「ピカピカ～ビーム
どうだーっ。」

★ビームをけこみ台の後ろに隠す。さらに石けんマンをバイキンに当てる。

13

バイキン「うわあぁ～
石けんマンって強い！
や・ら・れ・たあ～。
たすけて～っ！」

★バイキンを持ち、大きく振ってけこみ台の後ろに隠す。

14

石けんマン「ふうーっ！　よかった。
バイキンたちはにげていったよ」
パンダ「あそんだあとやそとから
かえったときは手を洗わないと、病気になっちゃうんだね」

★石けんマンを台に刺し、パンダをB面にして持つ。

15

パンダ「石けんマン、
ありがとう！」
石けんマン「よかったね。
みんなも、手洗いやうがいを
しっかり忘れないでやろうね！」

おしまい！

★パンダをA面にして、石けんマンを持ち、会話するうちに終わる。

楽譜　バイキンさまの歌

作詞・作曲：阿部直美

オニさんわかるかな

シルエットカードを見ながら、オニさんと一緒に物の名前をあてっこしましょう。
節分の前後にぴったりの出し物です。

演じ方動画付き

1

もうすぐ節分です。
赤オニさんがやってきました。
オニ「おいら強いんだぞーっ！
なんでもわかるんだぞーっ！
そこに隠れていても
だめだぞーっ！
わかっちゃうぞー！」

演じる前の準備

けこみ台の後ろに絵カードを置き、オニを持つ。

用意するもの　P.153～158の絵カード　のり　けこみ台

使用する絵カード

（表）

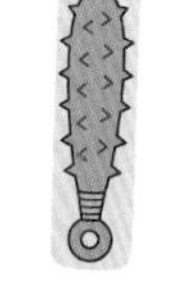

ゆきだるま　なべ　ランドセル　オニ　金棒

（裏）シルエット

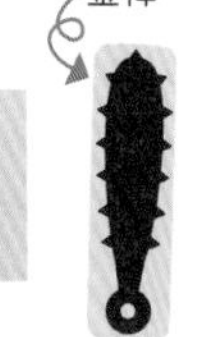

オニ

作り方

オニ

絵カードを切って、のりで貼り合わせ、筒状にする。

けこみ台

※ P.5の作り方を参照。

2
わあ、すごい！
さすがオニさんです。
見っかっちゃった。
オニさん何でもわかるって言っていたけど、ここに隠れているのは……。
★オニを机に置き、ゆきだるまの絵カードのシルエットを出す。
3
このシルエットはなんだかわかる？
★横にして見せる。
4
★オニを持って、カードを回して見せる。
オニ「へへ、かんたーん。おたまじゃくし！」
えっ…そうかな？
これはどう。
オニ「おきあがりこぼし」
★カードをさらに回す。子どもの答えを待つ。
これならわかるかな。
オニ「ウーン、わからん！」
じゃあ○○組のみんなはわかったかな……
オニさんに
教えてあげて。
5
(子ども)
ゆきだるま！
ピンポーン当たり。オニさん、
これはゆきだるまです。
オニ「ムムムム……残念」
★子どもたちが答える。
カードの表を見せたあと、けこみ台の後ろに置く。（以下同様）

6

★③〜⑤に準じ、逆さ、縦、正しい向きにして、なべのシルエットを見せる。

では、第２問。
これは何だかわかる？
オニ「UFO かな？」

オニ「ぶたさんかな？」

ヒントは、台所で使うものですよ。みんなはわかるかな？

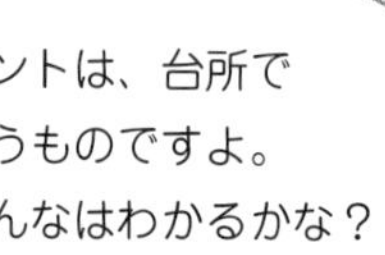

7

（子ども）おなべ

ハイ、おなべでした。

★答えを見せる。

8

★ランドセルの絵カードのシルエットを出し、④⑤に準じる。

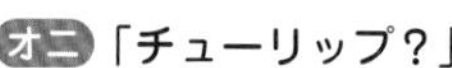

では、第３問。
これは何だかわかる？
オニ「じょうろかな？」

オニ「チューリップ？」

オニ「リボンをつけた女の子？」
ヒントは小学生が使うものです。みんなはわかるかな？

9

（子ども）ランドセル

オニ「すごーい。当たり！
何でわかったの!?
そっか、もうすぐ１年生だもんね！」

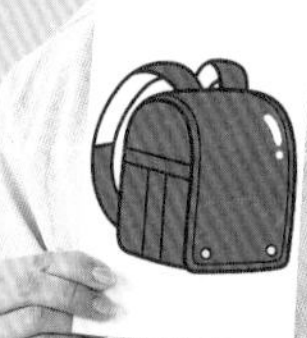

★答えを見せる。

10

オニ「よーし、今度はおいらがぜったい１人で考えてあてるよ」
ではこれは何だかわかる？
オニ「かんたん！　ひつじ!!」

★オニの絵カードのシルエットを逆さに出す。

11

ブー残念。こっちから見たら……。ヒントはオニさんのよーく知っている人だよ。
オニ「おふろであぶくだらけになってる人？」

★シルエットを縦にする。

12

ブー残念。じゃあこっちから見たらわかるかな？
オニ「ウーン、エート、ムムム……わっからなーい！」

★シルエットを正しい向きにする。

13

やーだ、オニさんったら何でもわかるって言ってたのに。ハイ、オニさんの顔です。
オニ「ありゃしまった！」

★答えを見せる。

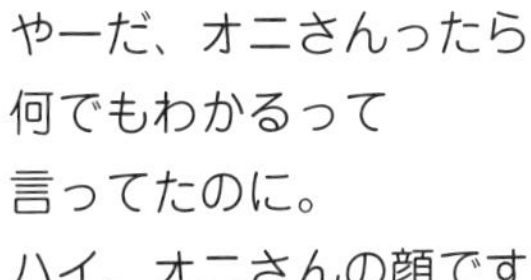

14

では最後は…これ。何だかわかる？
オニ「海でおよぐサメかな…いやまてよ」

オニ「サボテンにも似てるし」

オニ「ウーム見たことある形だ！」

15

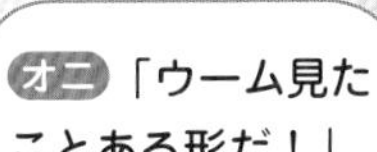

オニ「金棒だ！　オニの大事な持ち物だよ」
ピンポーン！　ア・タ・リーッ！ハイ、プレゼント。

16

オニ「おいらの金棒、古くてボロボロになっちゃって、困っていたんだよ。わーい。こんな立派な金棒もらっちゃった。みんなありがとう！」

こうしてオニさんは、豆まきの豆をぶつけなくても、大喜びで帰って行きましたとさ。よかったね。

おしまい！

通年

おしゃべりマスコット人形

筒の上下を動かすと、口が開いたり、閉じたりしているように見える人形です。いつでもどこでも使えるかわいいマスコットに、名前をつけてあげましょう。

演じ方動画付き

1

みなさんこんにちは。
きょうから、わたしも
この組に入ります。
でも名前がないの。
名前をつけて…。
えっ、ここはうさぎ組、
だからピョンちゃん。
いい名前だ、ワーイ。

(子ども)
ピョンちゃん

用意するもの P.159 ～ 160 の絵カード　のり

使用する絵カード

顔（上）

顔（下）

作り方

マスコット人形

❶顔（上・下）の絵カードを切って、のりで貼り合わせ、筒状にする。

❷顔（下）を、顔（上）の中に差し込む。

持ち方

顔（下）の青い部分に左手の親指をあて、他の指を筒の中に入れる。右手で顔（上）を動かす。

2
ピョンちゃんおしゃべりできるんだ。朝は……
★顔(上)を、セリフに合わせて引き上げる。
お
は
よう〜
3
ピョンちゃんおうたも
じょうずに歌えるよ。
★歌に合わせて、顔(上)を上げ下げする。
おおきなくりの
きのした
でえ〜
4
こんな
おもしろい顔や
こんなお顔も
できるんだよ。
★顔(上)を左右
にひねる。
5
みんなといっしょに
いっぱいあそぼうね。
おしまい!

阿部直美（あべなおみ）

瀬戸市はちまん幼稚園園長、聖心女子大学講師を経て、現在、乳幼児教育研究所所長。子どもの歌の作詞・作曲家、絵本作家（ペンネーム・さくらともこ）として活躍する一方、子どもの劇あそび、製作など幅広い分野でアイデア豊かな作品づくりをしている。「さくらともこ」のペンネームで、絵本作家としても活動。

[絵本]『グリーンマントのピーマンマン』シリーズ（岩崎書店）他多数
[主な保育図書]「ラクラク出し物BOOK」（ひかりのくに）「0～5歳児の保育に役立つ かんたん！楽しい！手作りおもちゃ」（ナツメ社）「保育で役立つ！0～5歳児の手あそび・うたあそび 」（ナツメ社）「CD付き 0～5歳児の楽しくふれあう！わらべうたあそび120」（ナツメ社）

staff

デザイン：SPAIS、石橋泰介（演じ方ページ）
　　　　　つかさみほ（絵カードページ）
絵カードイラスト：みさきゆい
本文作り方イラスト：つかさみほ
製作：マーブルプランニング
写真撮影：雑司ヶ谷スタジオ
写真モデル：小野久美子（GURRE）
　　　　　　佐藤愛子（スペース・クラフト）
動画製作・編集：株式会社 遊
動画撮影：株式会社ビジュアルツールコンサルティング
動画モデル：内田順子（乳幼児教育研究所）
　　　　　　川野剛念（81プロデュース） 佐藤萌々子
ヘアメイク（動画）：AKANE
浄書：オフィスマカロニ
校正：みね工房
編集・制作：株式会社童夢
編集担当：齋藤友里（ナツメ出版企画株式会社）

絵カードでラクラク！　季節と行事のかんたんシアター

2020年3月6日　初版発行

著　者　阿部直美
発行者　田村正隆

発行所　株式会社ナツメ社
東京都千代田区神田神保町1-52　ナツメ社ビル1F（〒101-0051）
電話　03-3291-1257（代表）　FAX　03-3291-5761
振替　00130-1-58661
制　作　ナツメ出版企画株式会社
東京都千代田区神田神保町1-52　ナツメ社ビル3F（〒101-0051）
電話　03-3295-3921（代表）
印刷所　図書印刷株式会社

ISBN978-4-8163-6796-0
Printed in Japan

本書に関するお問い合わせは、上記、ナツメ出版企画株式会社までお願いいたします。

6ページの「キャベツ畑でおめでとう」で使います。

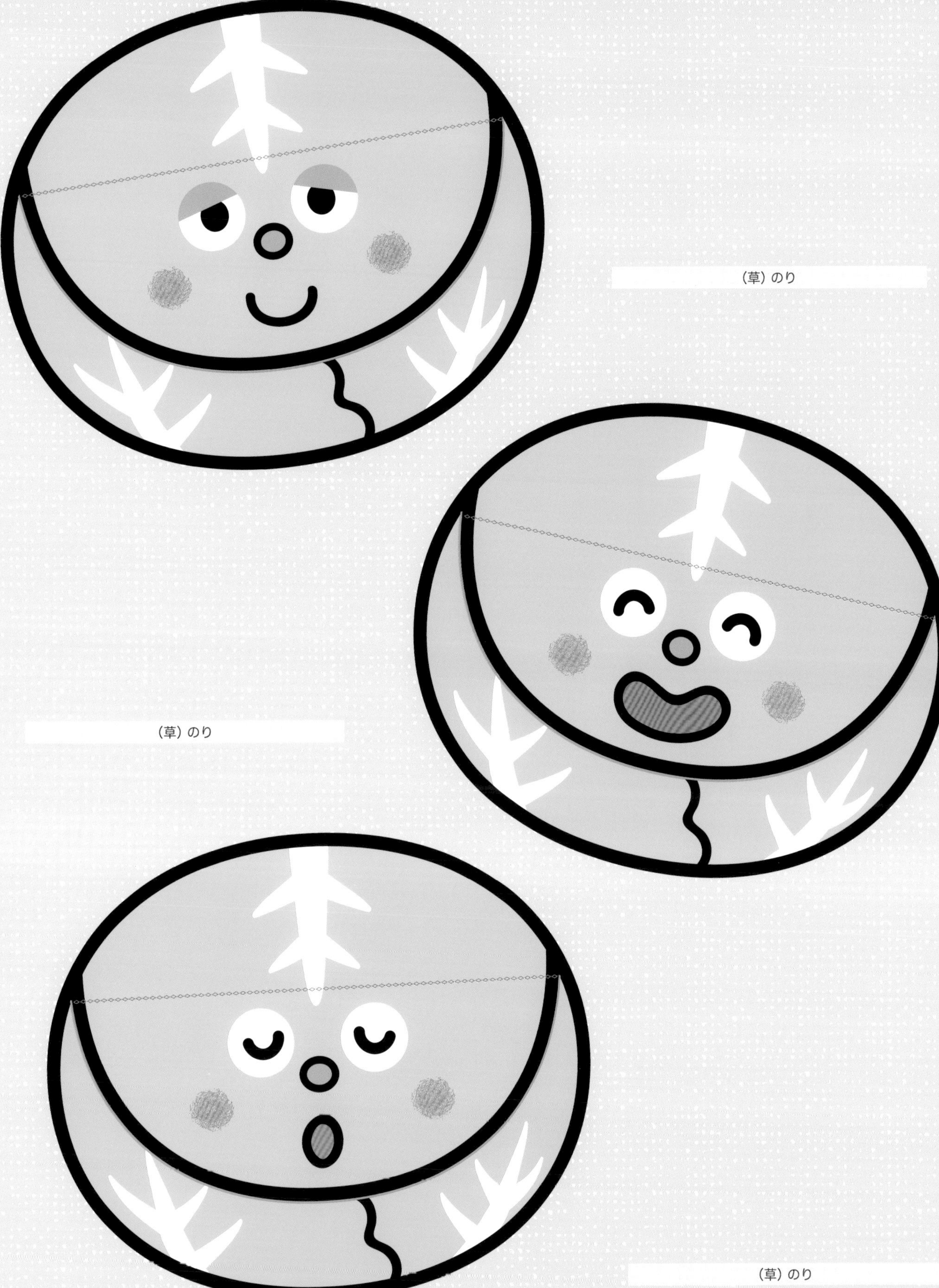

➡キャベツ畑(表)

——切り込み

◇◇◇◇両折り

6ページの「キャベツ畑でおめでとう」で使います。

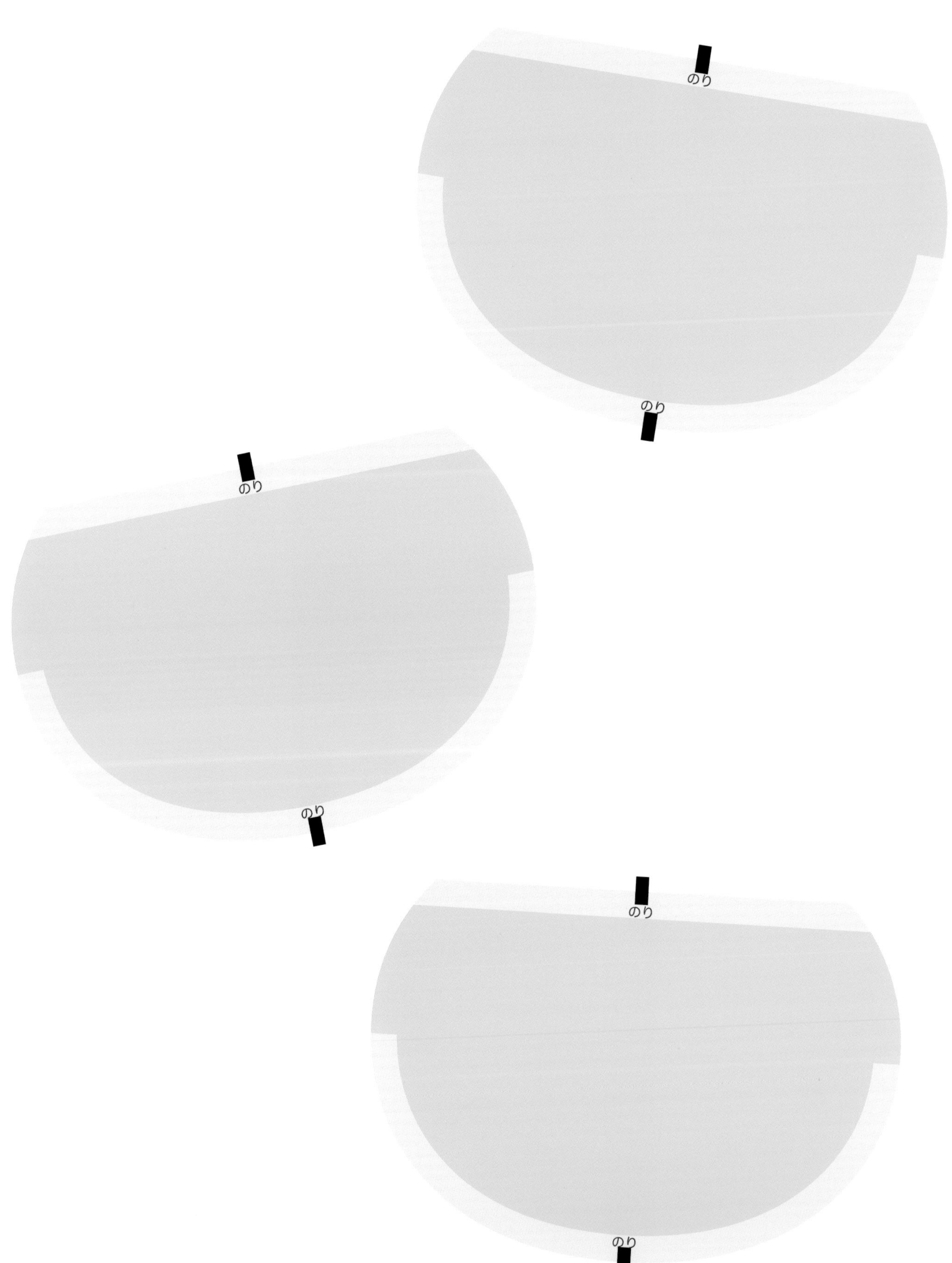

●すべて、この面から切ります。
●春風は、黒い実線に沿って切ります。

6ページの「キャベツ畑でおめでとう」で使います。

キリトリ

6ページの「キャベツ畑でおめでとう」で使います。

（草）のり

のり

しろ

（草）のり

（草）のり

●すべて、この面から切ります。
●家は、黒い実線に沿って切ります。
●家の裏には縦 13cm× 横 10cm のクリアファイルを貼ります。（P.10 参照）

05

ドアストッパー

10ページの「赤い屋根のおうち」で使います。

家

ねずみ

写真

キリトリ

切り込み

谷折り

（家裏あて）
のり
A

（家裏あて）
のり
B

ねこ

10ページの「赤い屋根のおうち」で使います。

家・裏あて（のりA、のりBをそれぞれ家の裏面に貼る）

切手

テマーク（サンバイザー用）

●すべて、この面から切ります。
●切手は、黒い実線に沿って切ります。

いぬ

ぶた

キリトリ

10ページの「赤い屋根のおうち」で使います。

きつね

さる

谷折り

お面の帯（A）

棒

箱（中）

ねずみのお面

●すべて、この面から切ります。
●箱（中）・ねずみのお面は、
黒い実線に沿って切ります。

のり
A

山折り

14ページの「ねずみのチュウチュウクイズ」で使います。

14ページの「ねずみのチュウチュウクイズ」で使います。

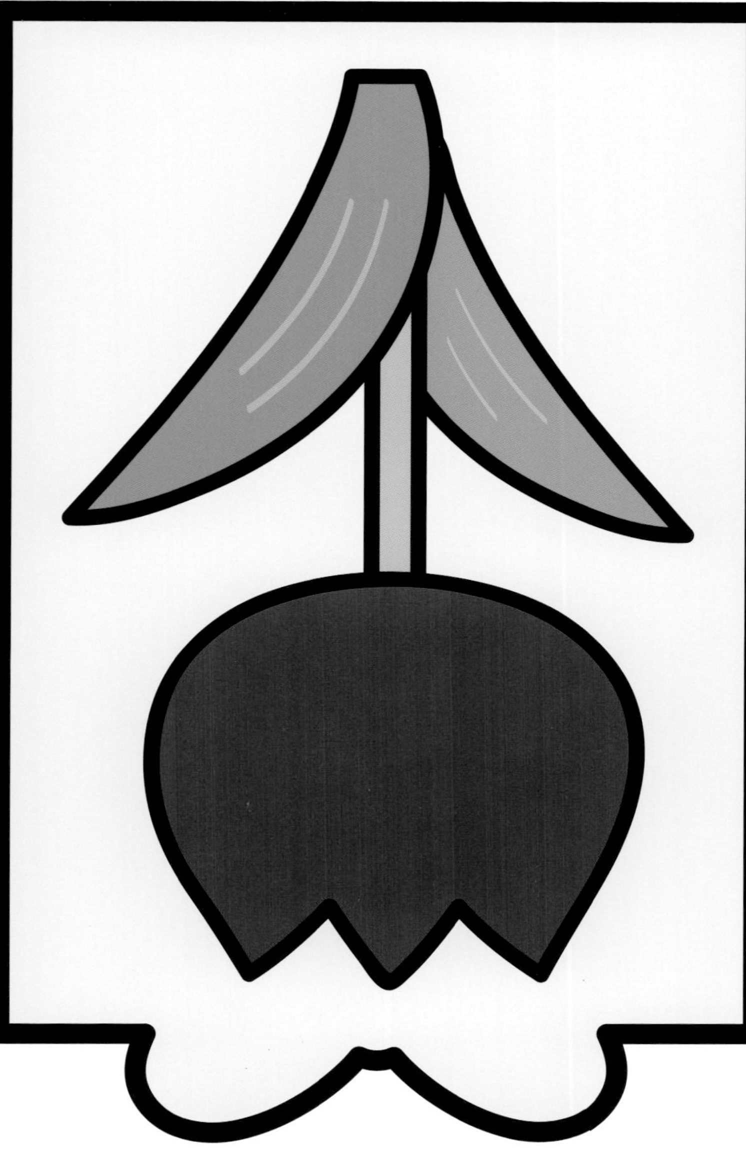

（お面の帯）
のり
A

（お面の帯）
のり
B

のり
（輪ゴムをはさみ、ホチキスでとめる）

お面の帯（B）

●すべて、この面から切ります。
●箱（大・小）は、黒い実線に沿って切ります。

14ページの「ねずみのチュウチュウクイズ」で使います。

棒

箱（大）

棒

箱（小）

山折り

のり（輪ゴムをはさみ、ホチキスでとめる）

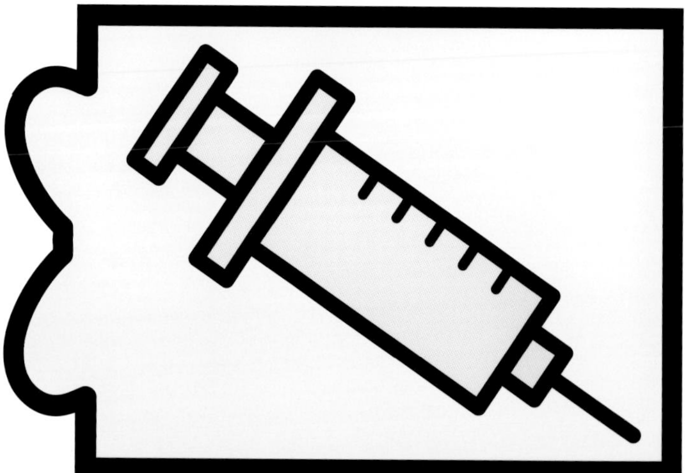

14ページの「ねずみのチュウチュウクイズ」で使います。

18ページの「信号わかるかな」で使います。

この面に厚紙（段ボール）の台を貼ります。（P.18参照）

●すべて、この面から切ります。 ↑信号機 ↓うさぎ（A） ↓くま（A）

キリトリ
切り込み
山折り

18ページの「信号わかるかな」で使います。

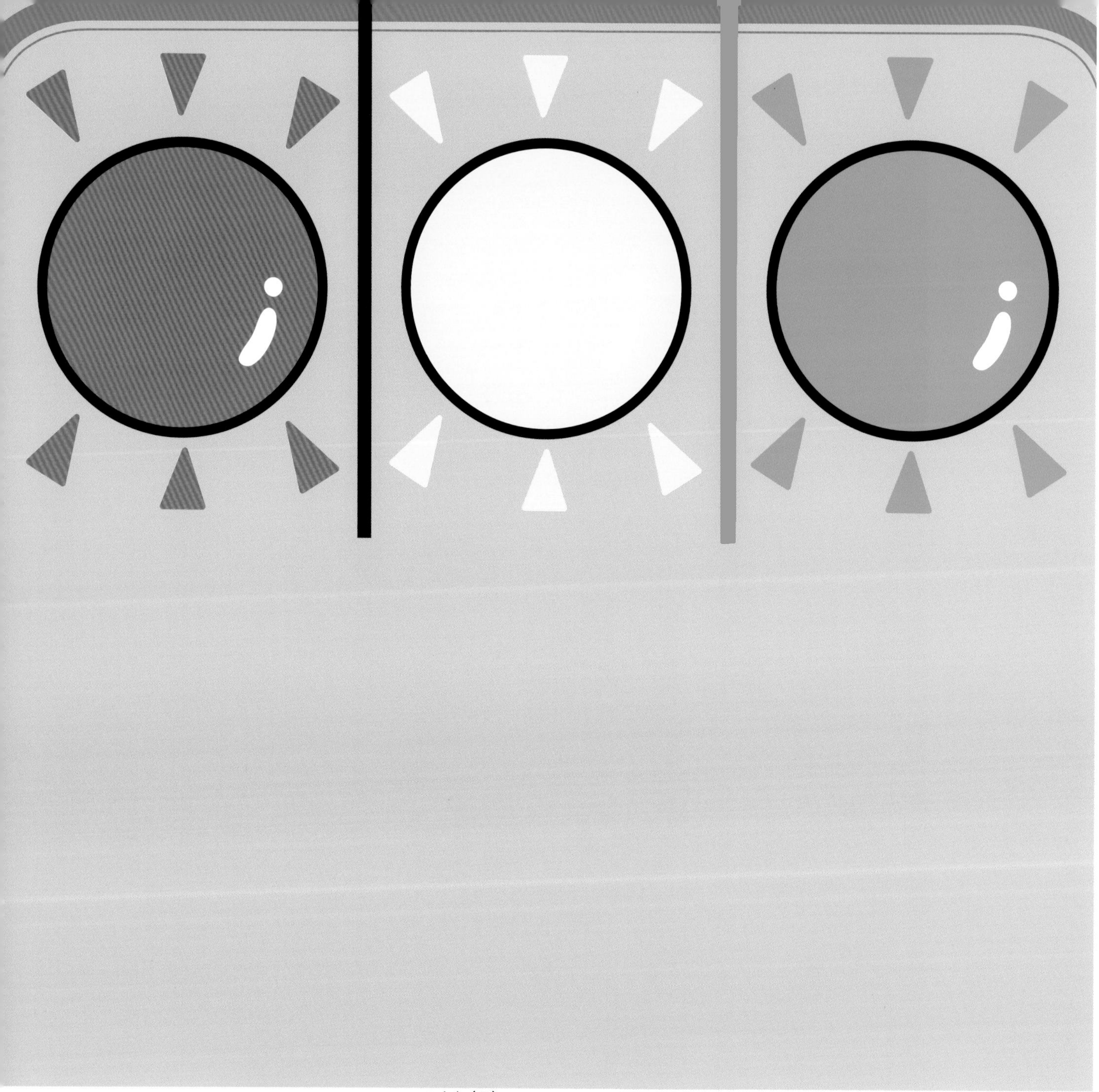

⬇くま（B）　　⬇うさぎ（B）

ひこ星

おりひめ

おむすび（赤）

おむすび（白）

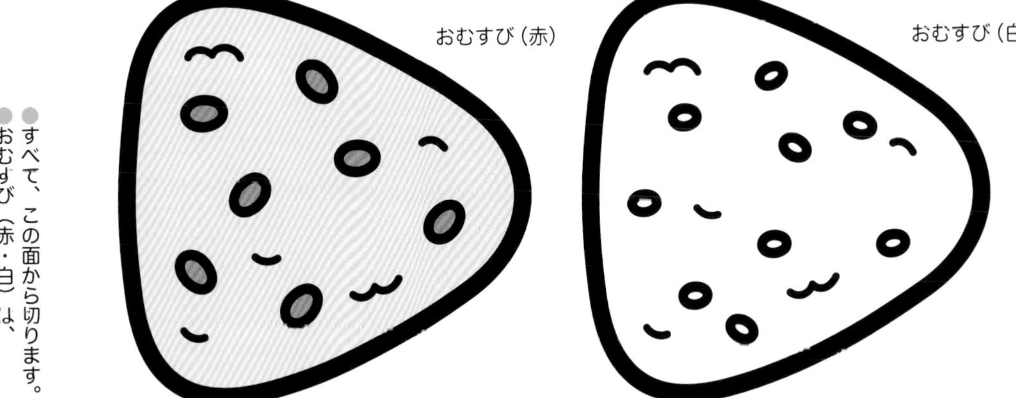

●すべて、この面から切ります。
●おむすび（赤・白）は、黒い実線に沿って切ります。

波（天の川の下に貼る）

22ページの「ぴっかり天の川」で使います。

キリトリ

22ページの「ぴっかり天の川」で使います。

棒

棒

のり

おむすび（橙）

おむすび（緑）

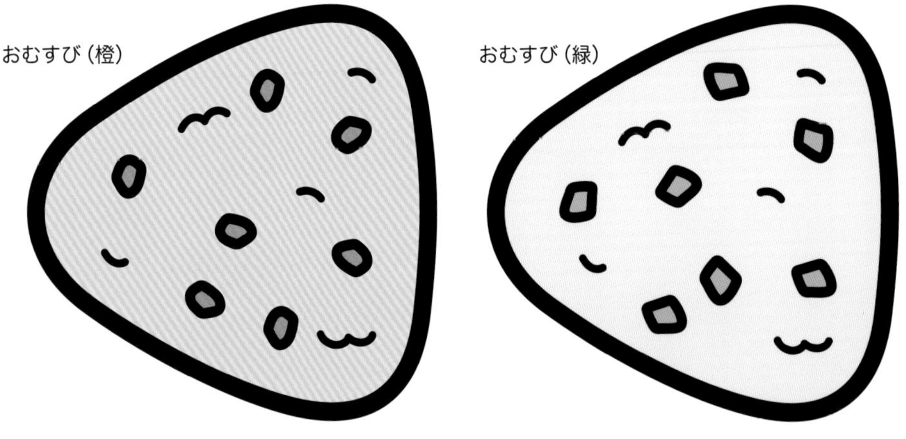

●すべて、この面から切ります。
●看板は、黒い実線に沿って切ります。
●天の川は段ボールの台に貼ります。（P. 22参照）

星の子

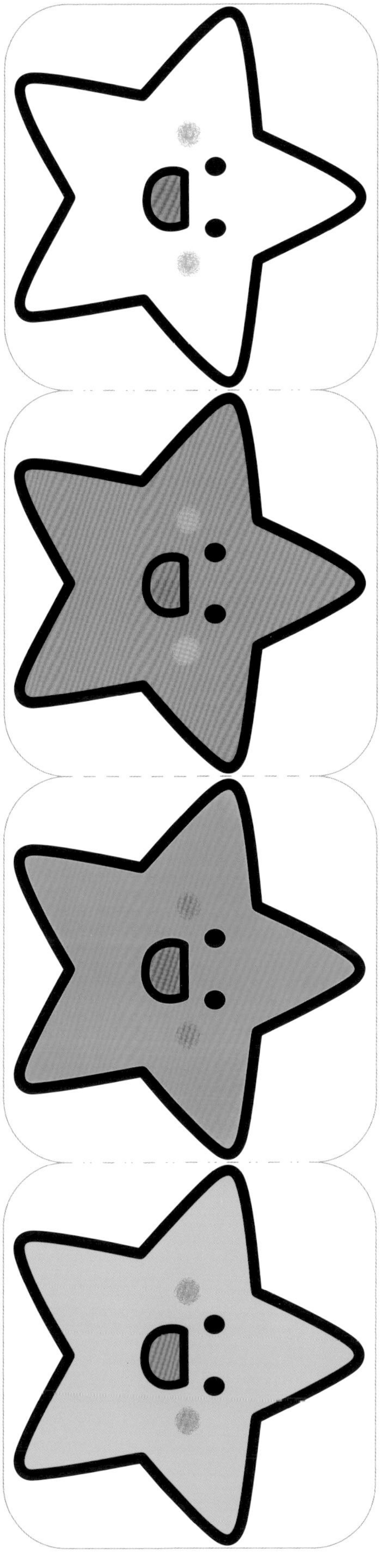

看板

←天の川

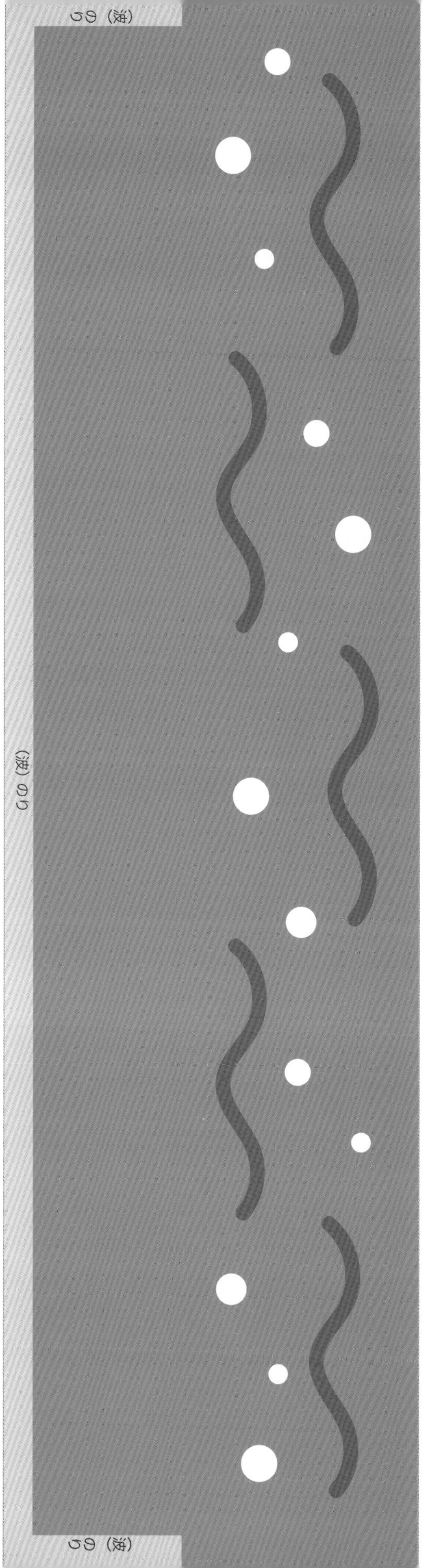

（波）のり

22ページの「ぴっかり天の川」で使います。

山折り
谷折り
キリトリ

棒

（天）

（地）

（天）

〈天の川〉

段ボールの台にのりで貼る（P.22 参照）

（地）

22ページの「ぴっかり天の川」で使います。

切り込み　山折り　谷折り

26ページの「すてきなぼうし」で使います。

切り抜く
切り抜く

失敗したぼうし

ハサミ

●すべて、この面から切ります
●うさぎは、黒い実線に沿って切ります。
●うさぎの手は、赤い実線に沿って切り込みを入れます。

うさぎ

のり

キリトリ
切り込み
谷折り

26ページの「すてきなぼうし」で使います。

のり

谷折り

26ページの「すてきなぼうし」で使います。

●すべて、この面から切ります。
●三角ぼうしの飾りは、黒い実線に沿って切ります。

小さいぼうし

小さいぼうしの飾り

大きいぼうし

三角ぼうし

三角ぼうしの飾り

キリトリ

26ページの「すてきなぼうし」で使います。

のり

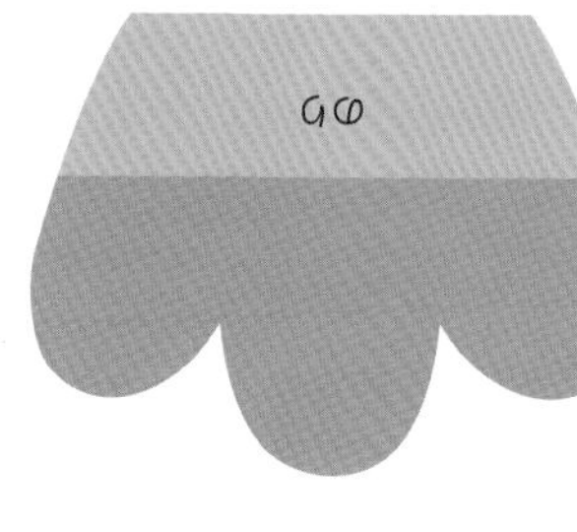

のり

のり

のり

山折り

谷折り

31ページの「おとひめバースデー」で使います。

●すべて、この面から切ります。

おとひめ（A）

うらしま（A）

たまてばこ（小）

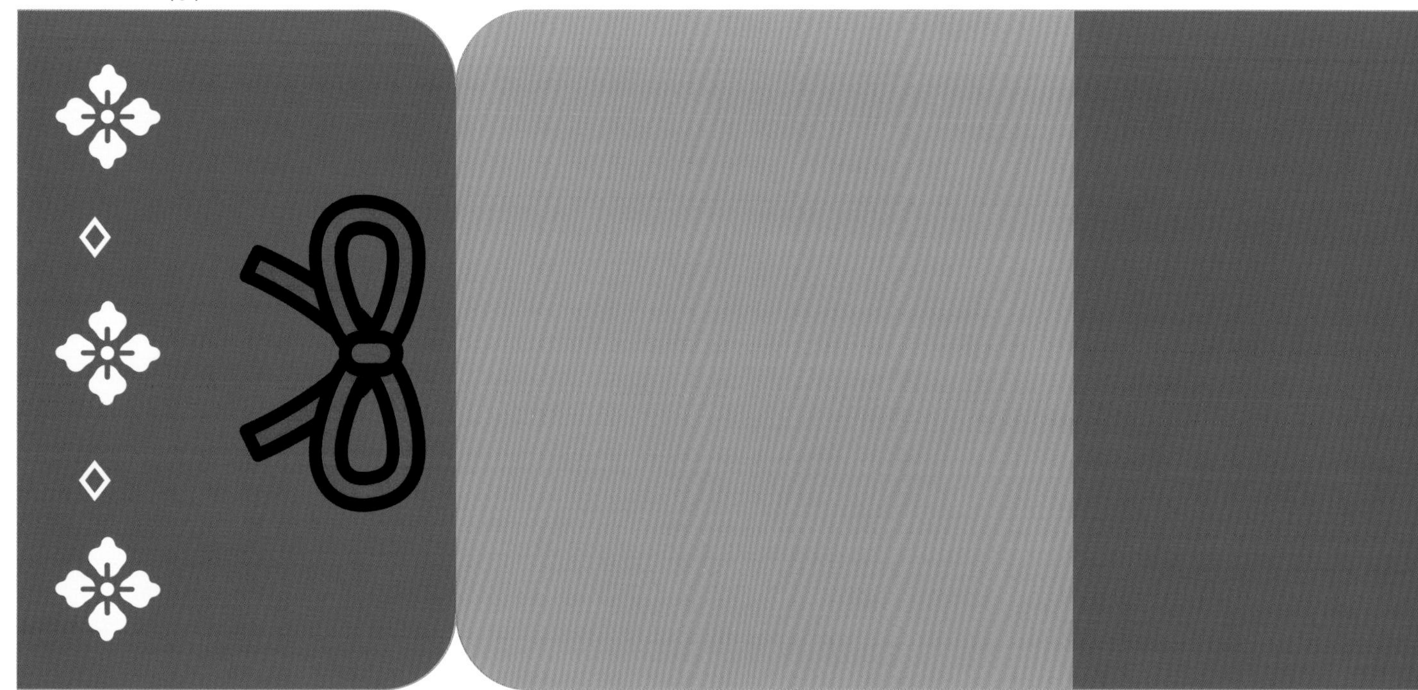

キリトリ

うらしま（B）

おとひめ（B）

31ページの「おとひめバースデー」で使います。

のり

のり

谷折り

31ページの「おとひめバースデー」で使います。

キリトリ　－・－・－　山折り

31ページの「おとひめバースデー」で使います。

〈たまてばこ（大）〉

谷折り

のり

のり

35ページの「あーら もったいなや」で使います。

おじいさん（A）

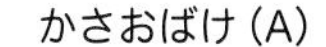
●すべて、この面から切ります。

おかまおばけ（A）

かさおばけ（A）

キリトリ

切り込み

35ページの「あーら もったいなや」で使います。

おじいさん（B）

かさおばけ（B）

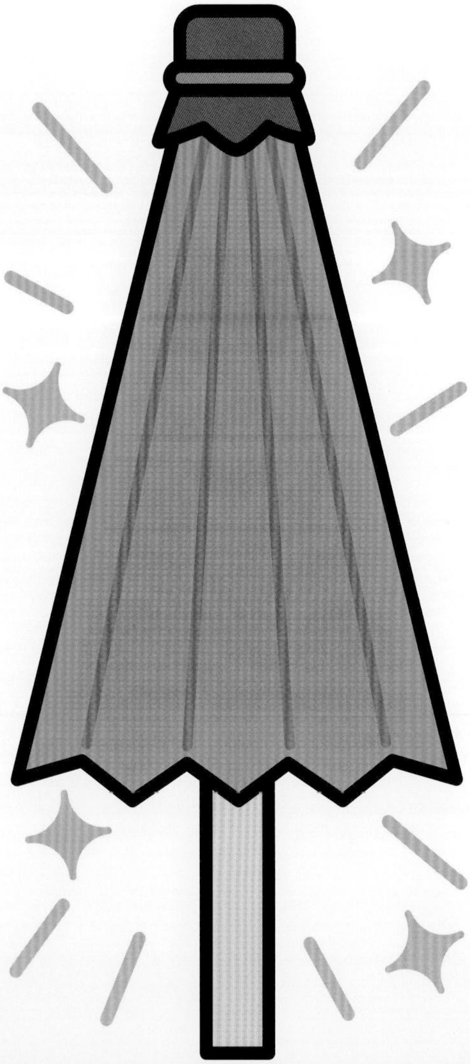

おかまおばけ（B）

ぞうりおばけ（A）

けこみ台用のカード

ちょうちんおばけ（A）

●すべて、この面から切ります。

35ページの「あーら もったいなや」で使います。

——— キリトリ

——— 切り込み

- - - - 山折り

35ページの「あーら もったいなや」で使います。

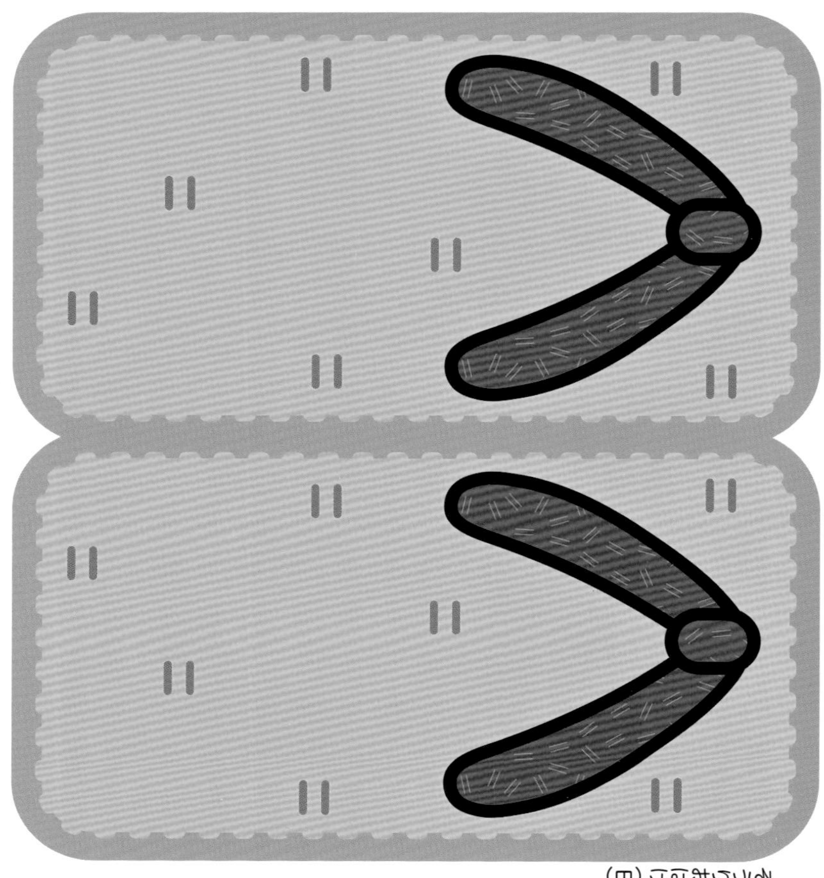

ぞうりおばけ（B）

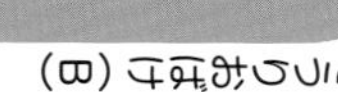

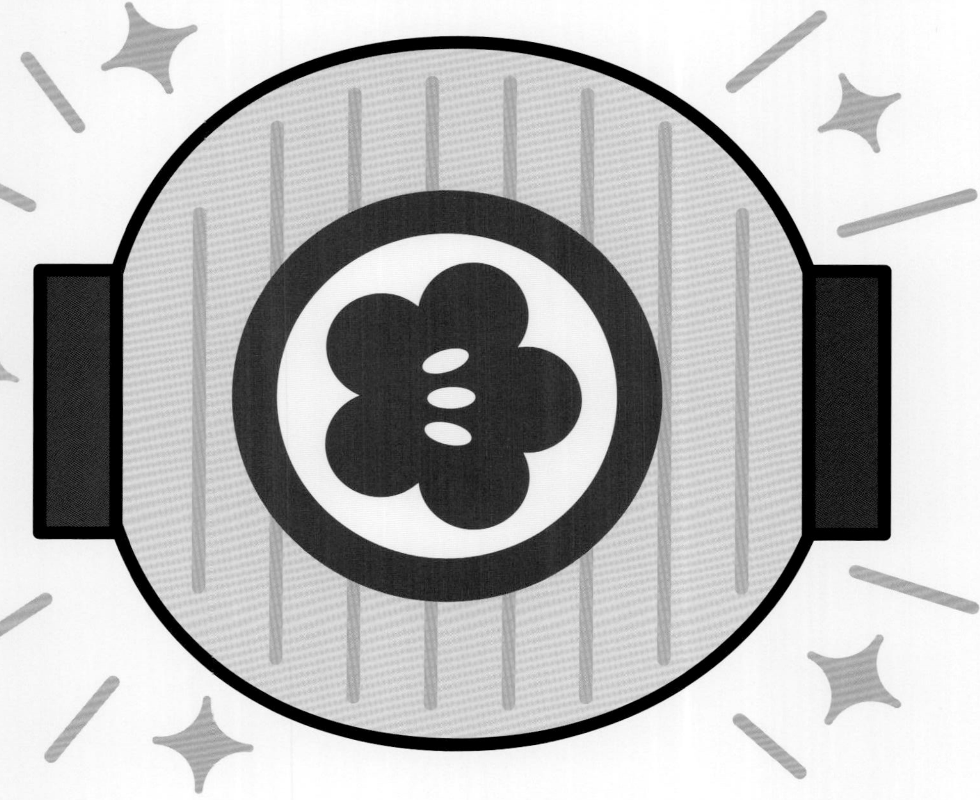

ちょうちんおばけ（B）

（天）

のり

（地）

牛乳パックや空き箱の側面にこの紙を貼れば、
人形を隠すけこみ台として使えます。

40ページの「おふろでジャンプラッコ」で使います。

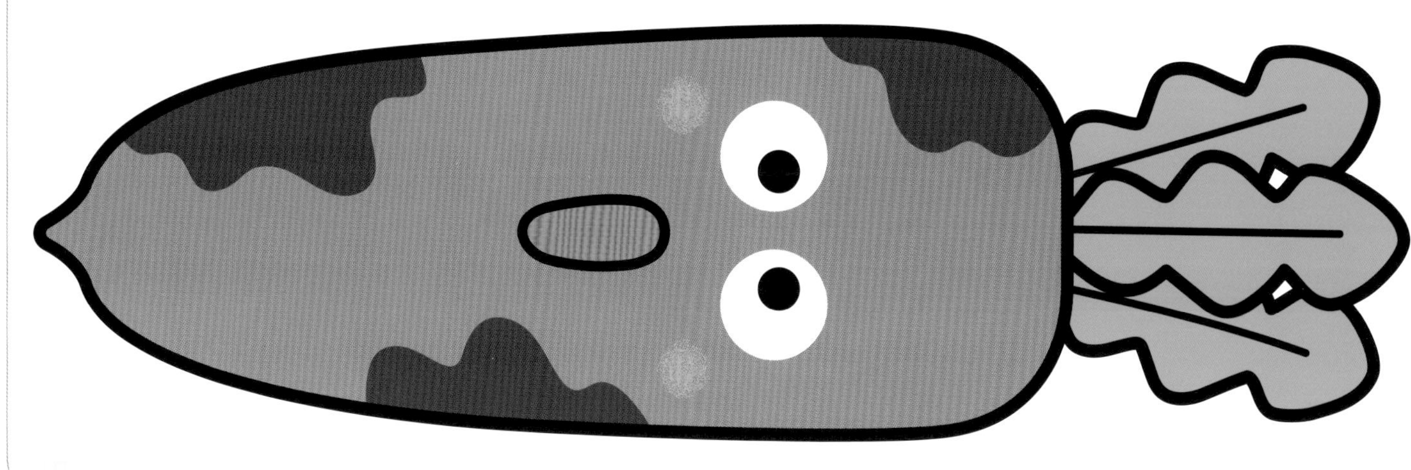

ダイコン

トマト

●すべて、この面から切ります。

キリトリ

40ページの「おふろでジャンプラッコ」で使います。

谷折り

のり

棒

のり

棒

●ダイコン・トマトの棒は、厚さが出にくい模型用の平棒を使うと仕上がりがきれいです。

40ページの「おふろでジャンプラッコ」で使います。

●カボチャは、
黒い実線に沿って切ります。

カボチャ（A）

ジャガイモ

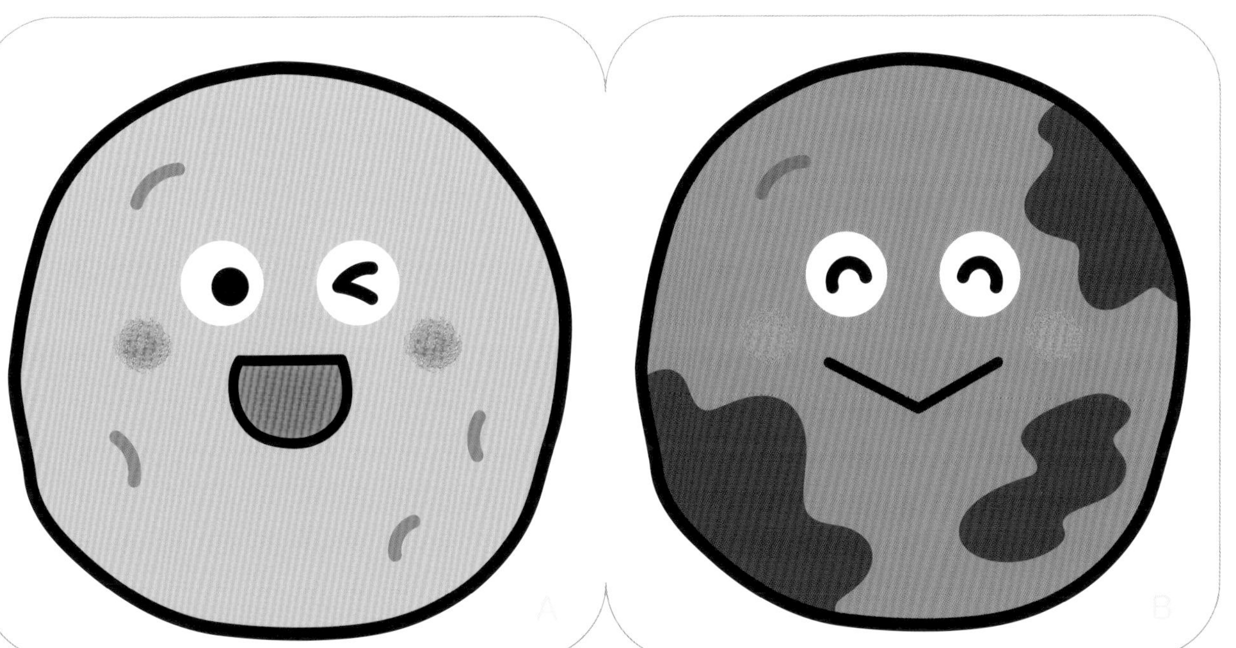

●すべて、この面から切ります。

キリトリ

40ページの「おふろでジャンブラッコ」で使います。

棒

カボチャ（B）

●ジャガイモの棒は、厚さが出にくい模型用の平棒を使うと仕上がりがきれいです。

のり

谷折り

棒

40ページの「おふろでジャンプラッコ」で使います。

➡おふろ ——— キリトリ ◇◇◇◇ 両折り

（ビニールを貼る）

●この面から切ります。

40ページの「おふろでジャンプラッコ」で使います。

棒

棒

●すべて、この面から黒い実線に沿って切ります。

45ページの「おべんとうはたのしいな」で使います。

45ページの「おべんとうはたのしいな」で使います。

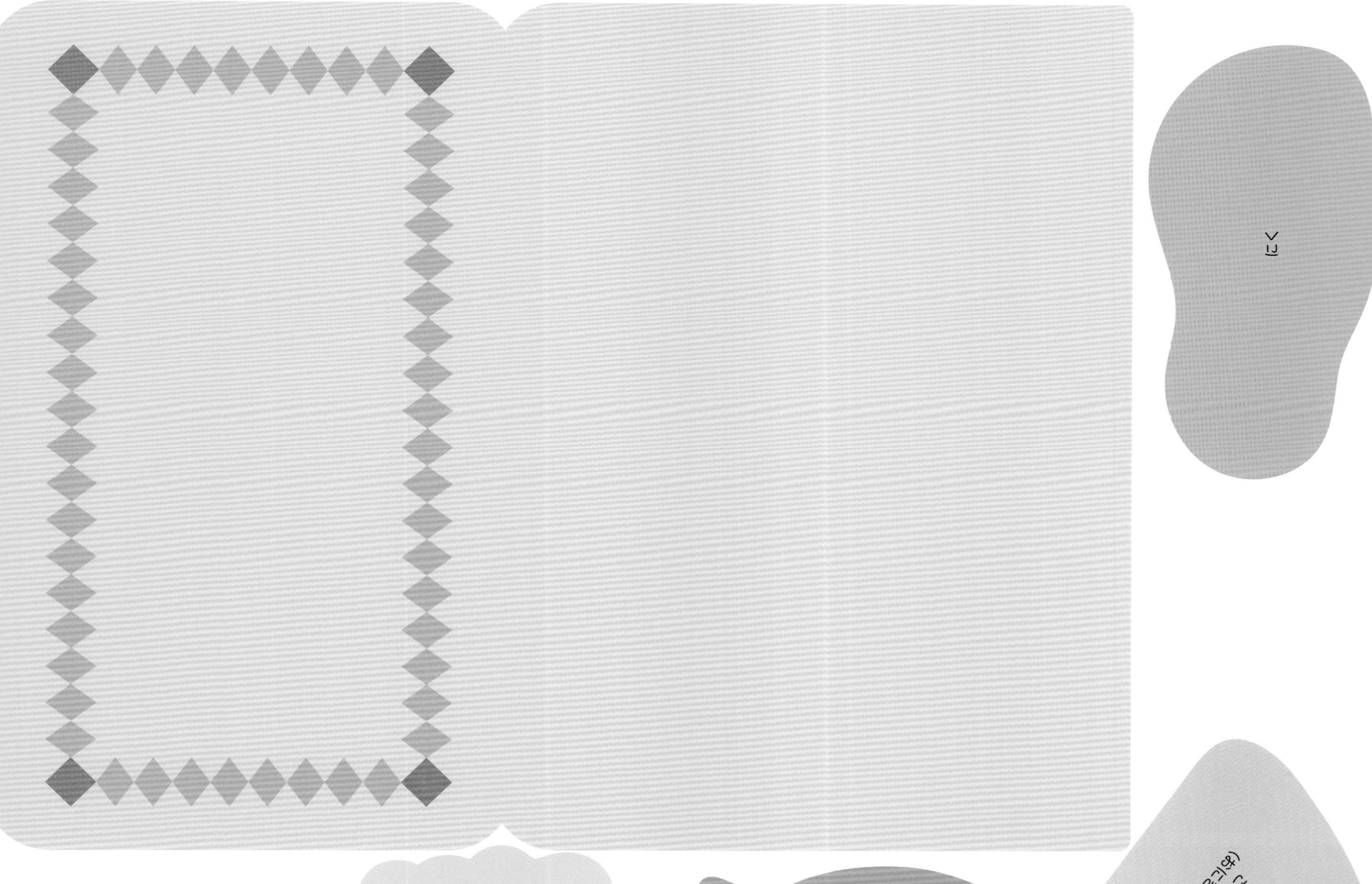

●すべて、この面から切ります。
●いわし・ししゃも・さんま・おべんとうばこは、黒い実線に沿って切ります。

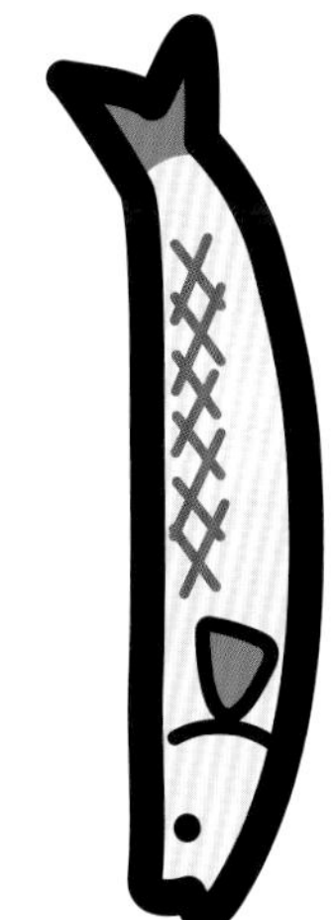

15ページの「おべんとうばこのしかけ」で使います。

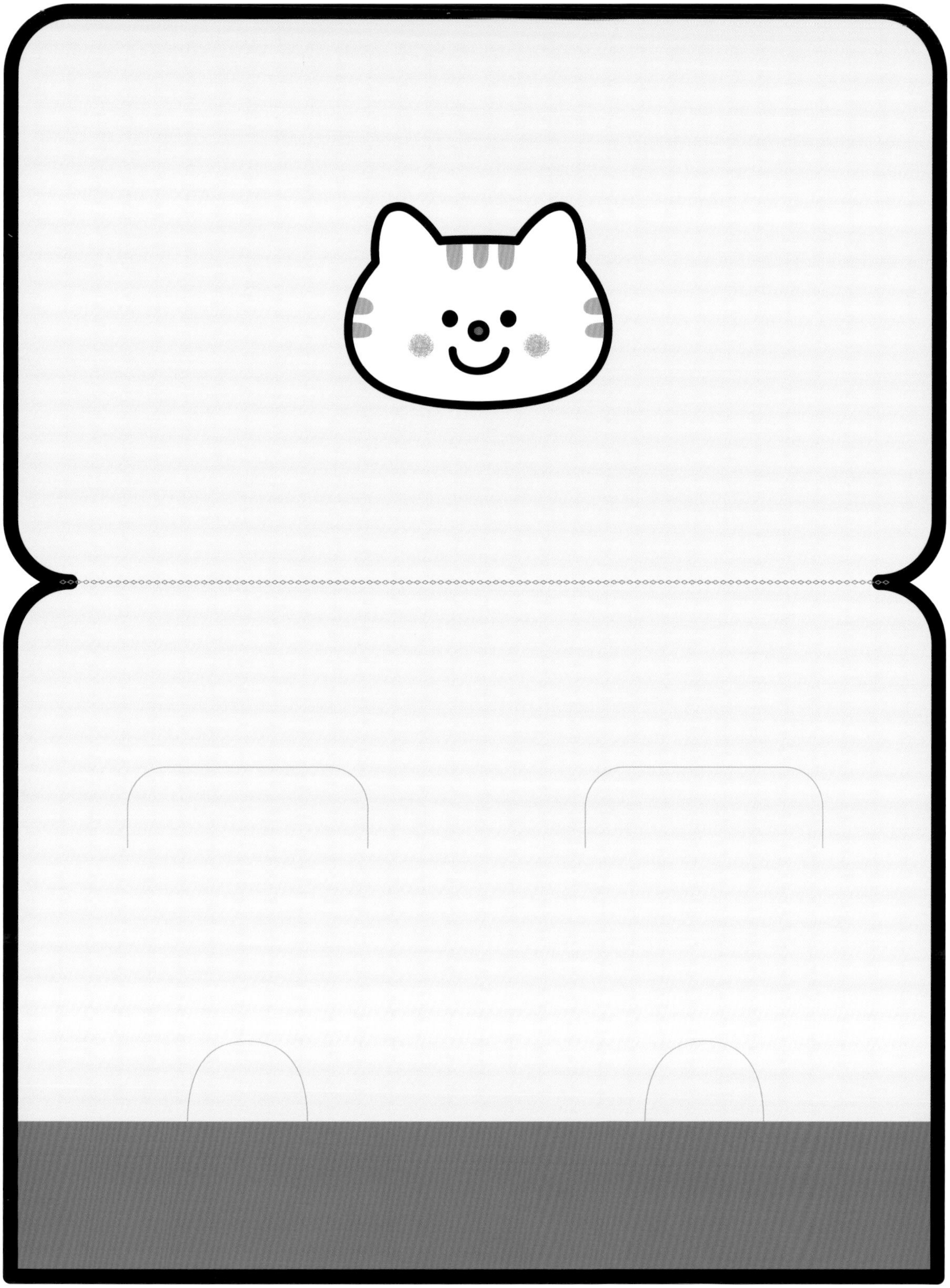

キリトリ

切り込み

山折り

4ページの「おべんとうはたのしいな」で使います。

いわし

ししゃも

にぼし

さんま

●すべて、この面から切ります。
●いも・にんじん・しいたけ・おべんとうばこは、黒い実線に沿って切ります。

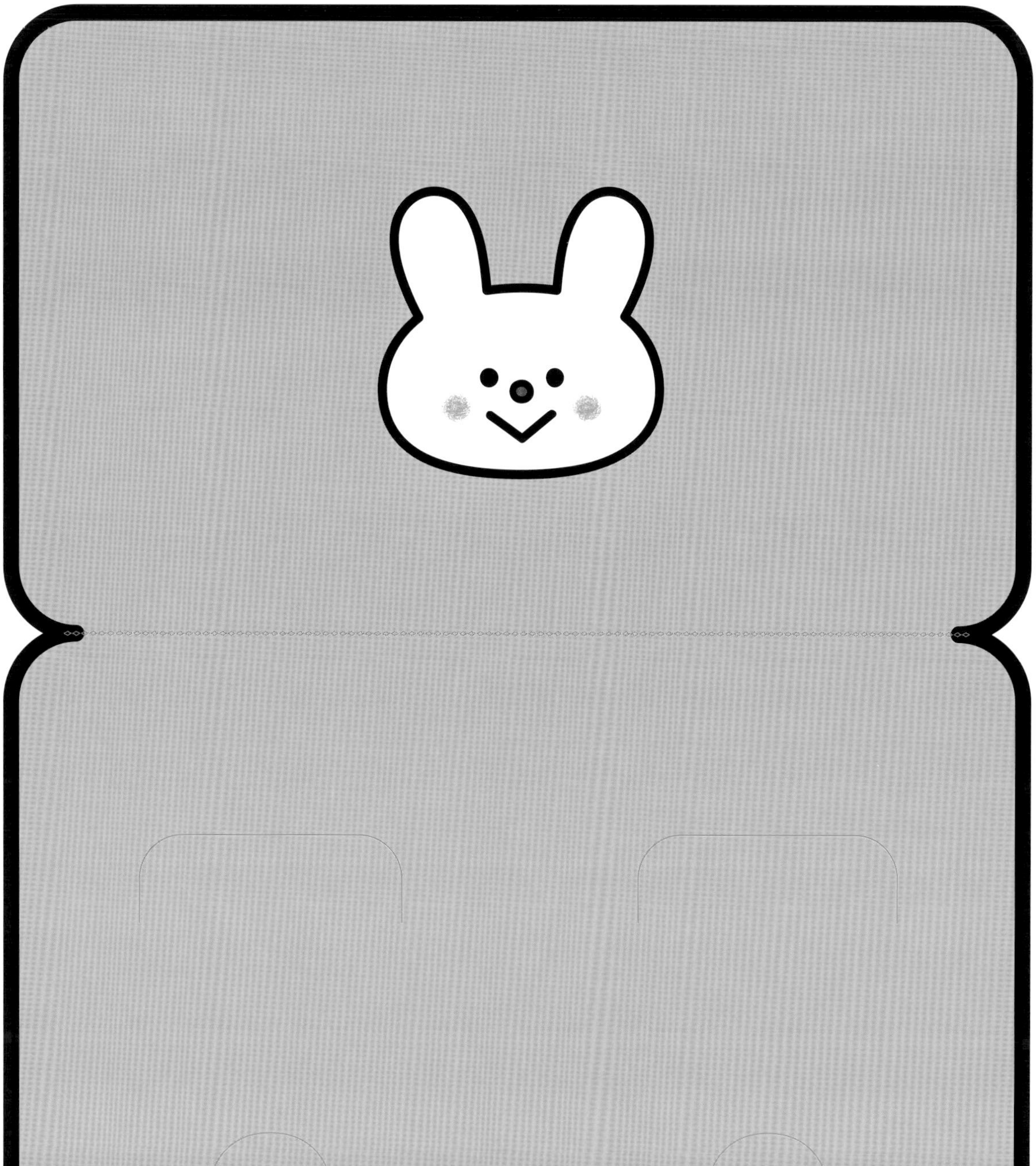

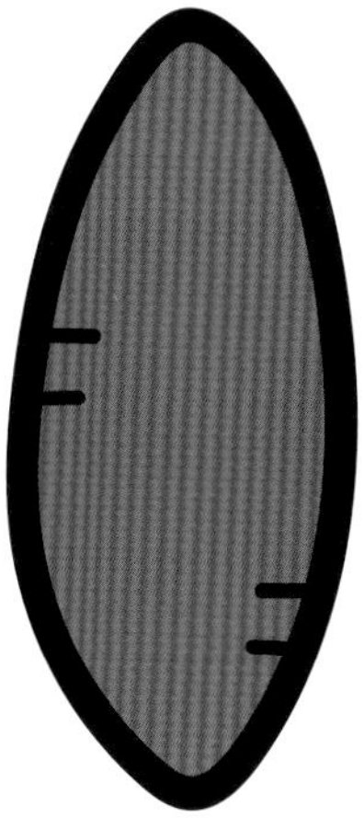

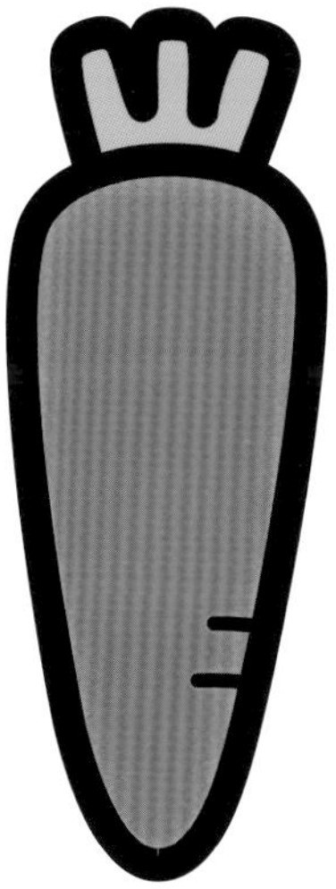

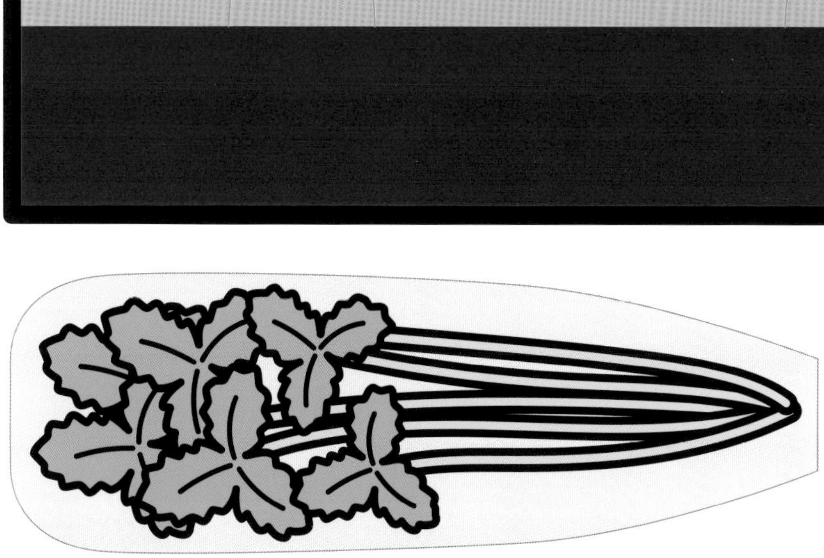

45ページの「おべんとうはたのしいな」で使います。

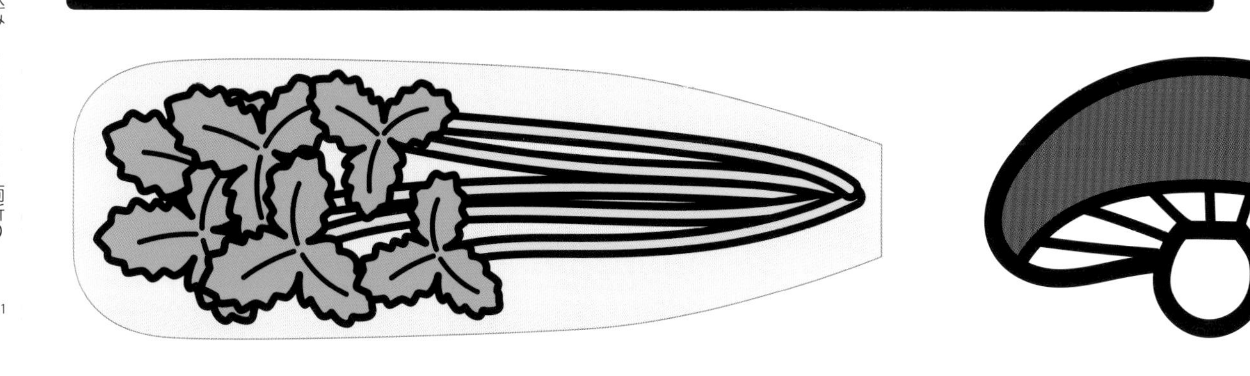

キリトリ

切り込み

両折り

45ページの「おべんとうはたのしいな」で使います。

いも

にんじん

しいたけ

みつば

●すべて、この面から切ります。
●ベーコン・おべんとうばこは、黒い実線に沿って切ります。

45ページの「おべんとうはたのしいな」で使います。

キリトリ
切り込み
両折り

45ページの「おべんとうはたのしいな」で使います。

にくだんご

ベーコン

やきにく

トンカツ

61ページの「なぞなぞハロウィン」で使います。

●すべて、この面から切ります。
●カボチャのおばけ・ガイコツは、黒い実線に沿って切ります。

カボチャのおばけ

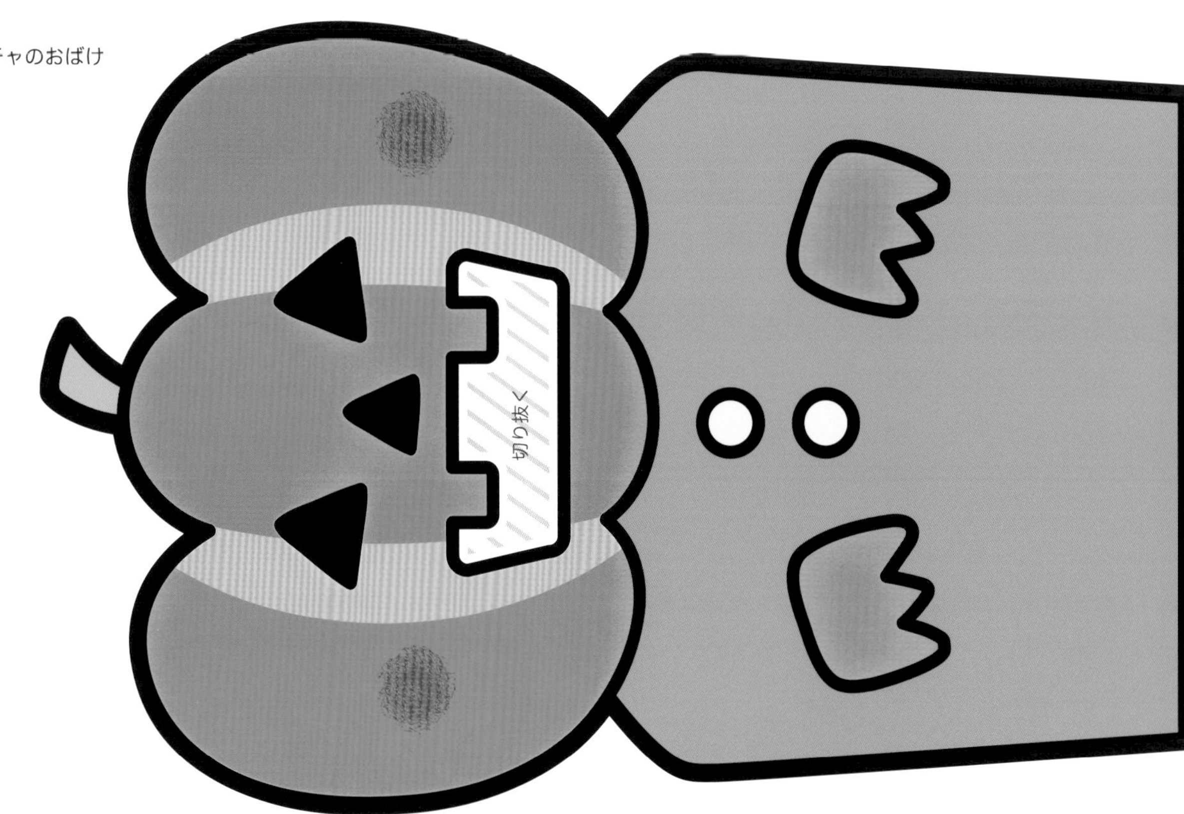

ガイコツ

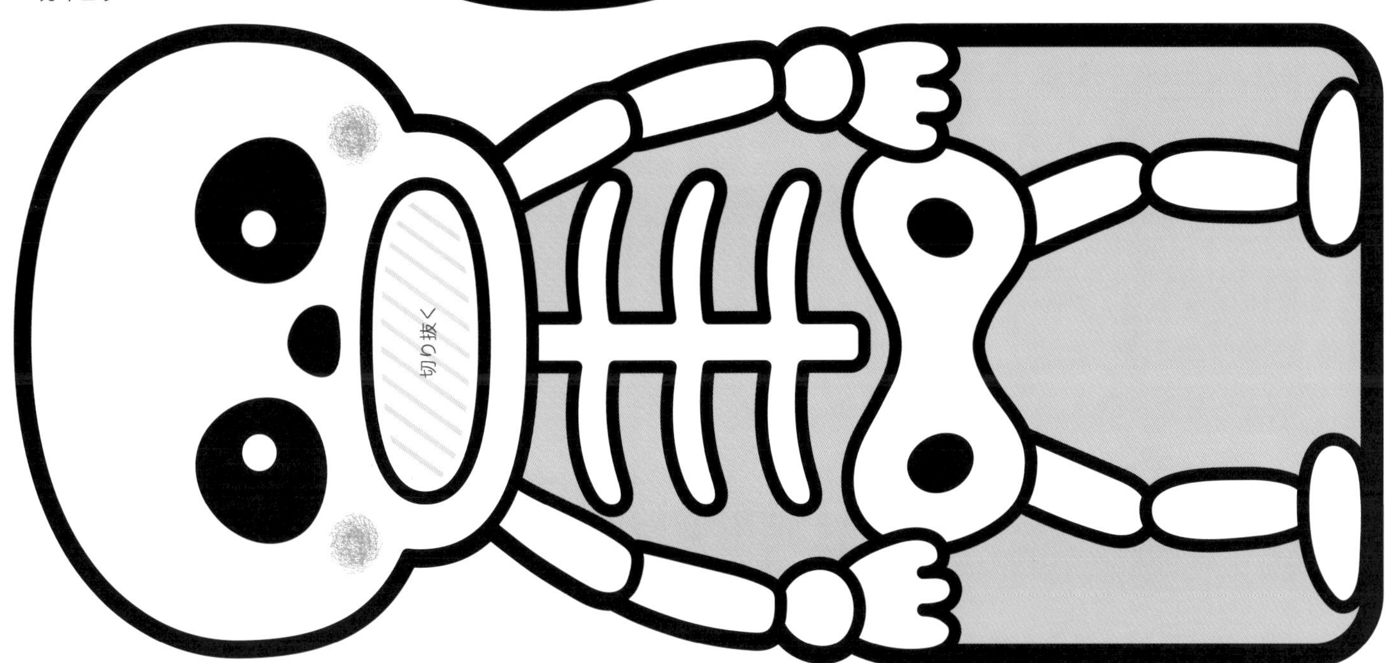

チョコレート

カップケーキ

紙のアメ

キリトリ

51ページの「なぞなぞハロウィン」で使います。

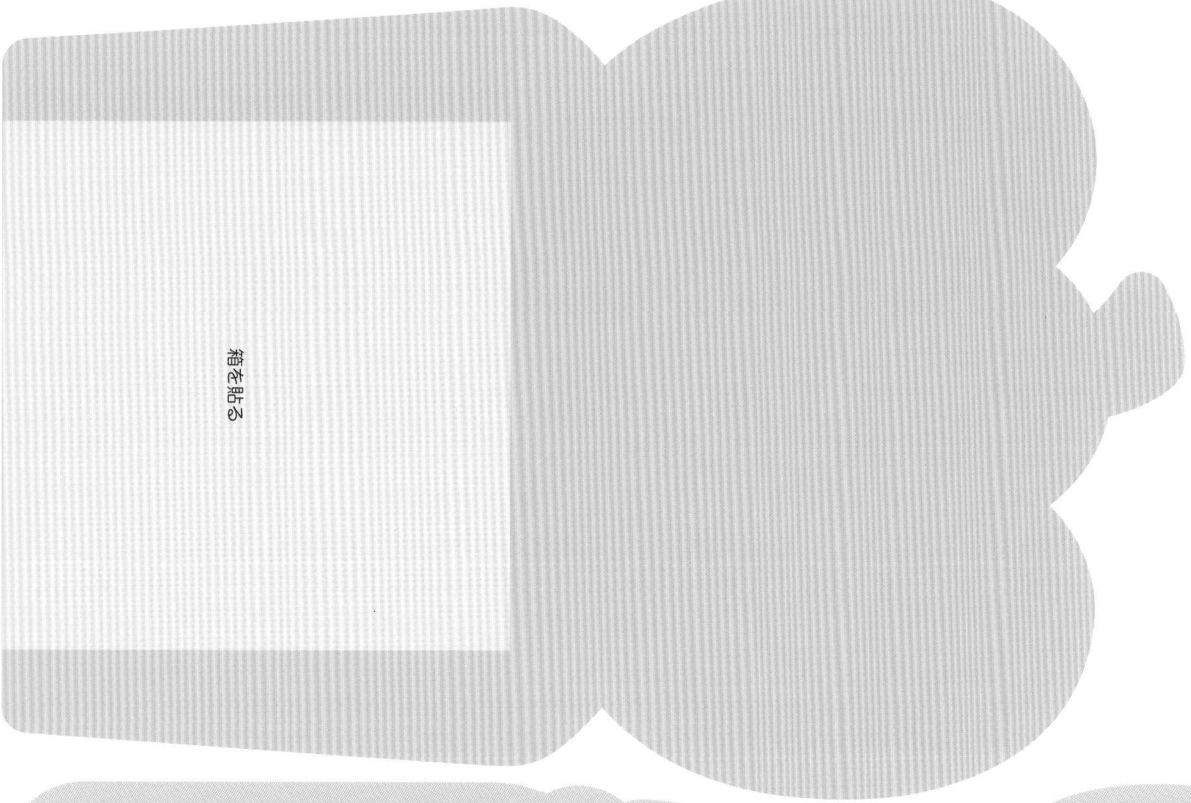

箱を貼る

箱を貼る

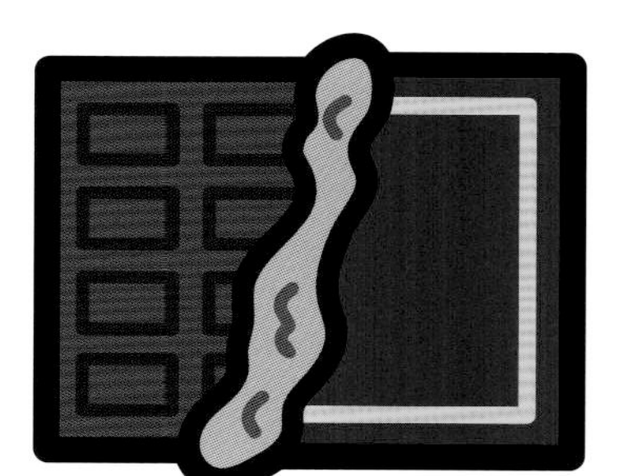

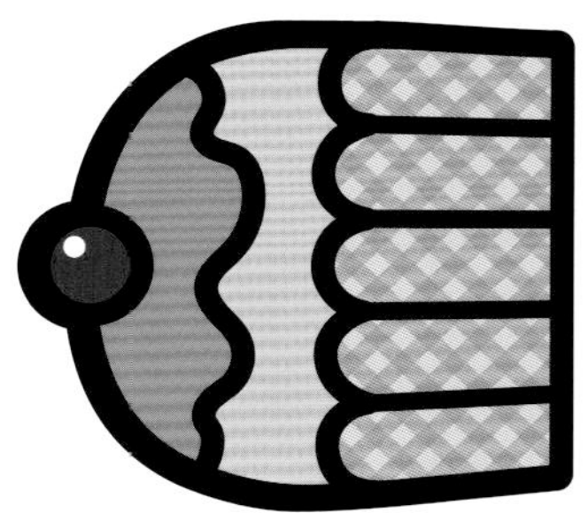

61ページの「なぞなぞハロウィン」で使います。

まほうつかい

切り抜く

ドーナツ

コウモリおばけ

●すべて、この面から切ります。
●まほうつかい・コウモリおばけは、黒い実線に沿って切ります。

切り抜く

ドーナツ

キリトリ

51ページの「なぞなぞハロウィン」で使います。

箱を貼る

箱を貼る

56ページの「やさいのうんどうかい」で使います。

56ページの「やさいのうんどうかい」で使います。

56ページの「やさいのうんどうかい」で使います。

先頭を走っているのが〈にんじん〉のページ

（セリフ参考例）

・あれーっ？　なすさんは、つかれちゃったのかな。
岩の上にすわってやすんでいます。

・どうしたのかな～？
キャベツさんも、すわってしまいました。
○○組のみんなも応援してね。
「ガンバレ　ガンバレ　キャベツさん」

・おっと、たまねぎさんがころんでいます。
ころんでも立ち上がれーっ！
まけるなゴーゴー！

・にんじんさんは、にっこにこ。
『はやいぞ　ランラン　たのしいな
かけっこ　だいすき　いちばんだー！』
と歌いながら走っています。

56ページの「やさいのうんどうかい」で使います。

56ページの「やさいのうんどうかい」で使います。

先頭を走っているのが〈なす〉のページ

（セリフ参考例）

・キャベツさん、がんばれファイト！

・たまねぎさんは、
ちょうちょうとあそんでいて、走りません。
キャベツさんに追い抜かれちゃいますよ。

・にんじんさんは、
元気に水たまりをとびこえて、かけっていきます。

・はやいはやい。
すごいスピードで走っている
なすさんがいちばんはやーい！

56ページの「やさいのうんどうかい」で使います。

先頭を走っているのが〈キャベツ〉のページ

（セリフ参考例）

・あらら……にんじんさん、
ちょうちょうをおいかけていっちゃだめですよーっ。

・なすさんは、大きい岩もジャーンプととびこえました。
おーっ、すごーい！

・たまねぎさんは、ちょっと岩にぶつかっただけなのに
『エーン　エンエン』と大泣き!!
○○組のみんなも応援してね。
『がんばれ、たまねぎさんー！』

・ゴロゴロリーンと、
キャベツさんは走らないでころがって……
『キャッ　キャッ　いちばんだーい！』

56ページの「やさいのうんどうかい」で使います。

56ページの「やさいのうんどうかい」で使います。

（セリフ参考例）

・あっ、大変です！
キャベツさんが穴のところでころんでしまいました。
だいじょうぶかな？

・にんじんさんも、手を振って足を上げて、
走れ走れ！

・なすさんのあたまに、ちょうちょうがとまって……
わぁ、かわいい！

・いちばんはやいのは……たまねぎさん！
泣いているのではありませんよ。
汗が出ているんですね。

56ページの「やさいのうんどうかい」で使います。

60ページの「サンタさんからプレゼント」で使います。

クロワんちゃん

●すべて、この面から切ります。
●クロわんちゃん・シロわんちゃん・チャわんちゃん・プチわんちゃんは、黒い実線に沿って切ります。

シロわんちゃん

チャわんちゃん

プチわんちゃん

キリトリ
山折り

60ページの「サンタさんからプレゼント」で使います。

のり

のり

のり

のり

のり

のり

60ページの「サンタさんからプレゼント」で使います。

サンタクロース

棒

ケーキのストッパー

のり

のり

ケーキ

キリトリ

山折り

●すべて、この面から切ります。

60ページの「サンタさんからプレゼント」で使います。

―――― 切り込み　－・－・－ 山折り

B

（ケーキのストッパー）
のり

36ページの「十二支のおはなし」で使います。

10

1

山折り

(岩) のり

2

(うしの
ストッパー)
のり

4

66ページの「十二支のおはなし」で使います。

66ページの「十二支のおはなし」で使います。

66ページの「十二支のおはなし」で使います。

7

すべて、この面から切ります。

ねこ

ねずみ

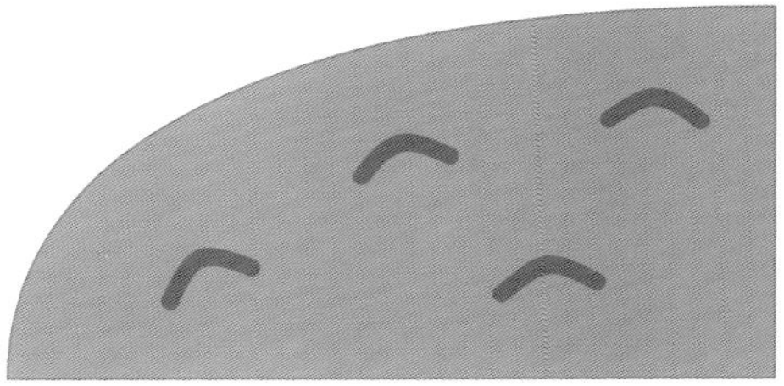

岩

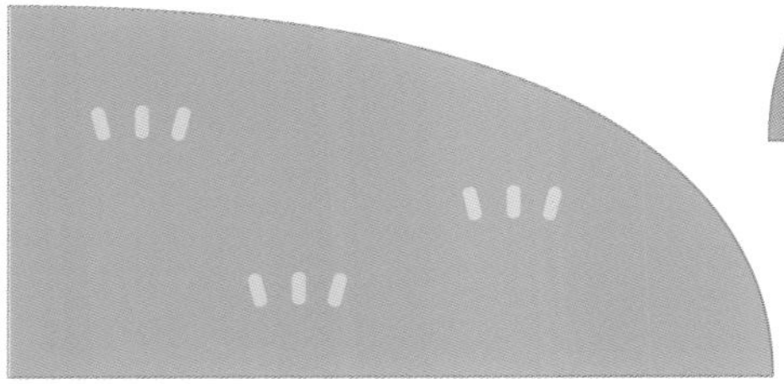

草（小）

草（大）

うしのストッパー

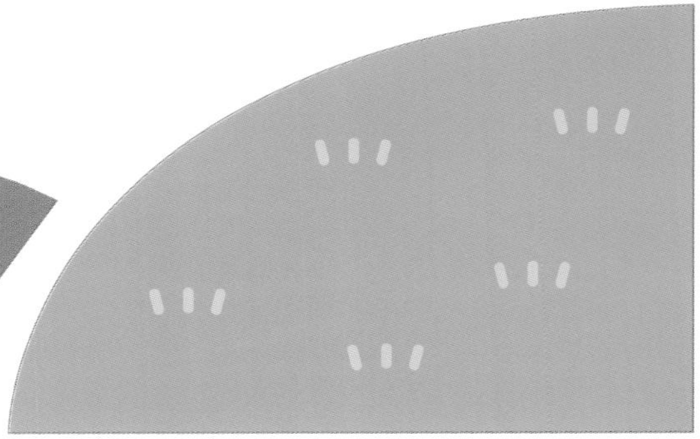

66ページの「十二支のおはなし」で使います。

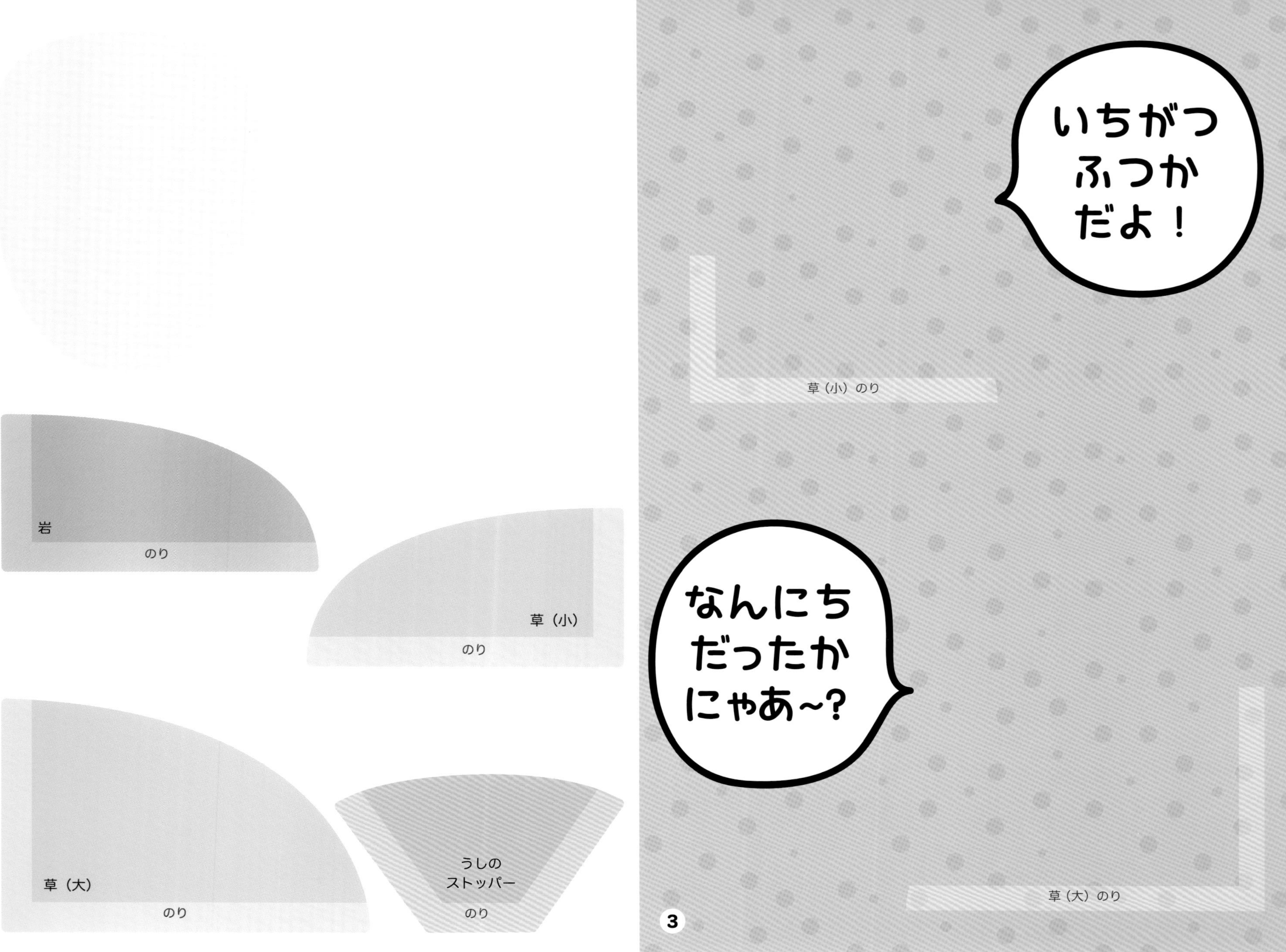
いちがつ
ふつか
だよ！
草（小）のり
なんにち
だったか
にゃあ～？
草（大）のり
3
岩
のり
草（小）
のり
草（大）
のり
うしの
ストッパー
のり

●すべて、この面から切ります。

70ページの「手洗いパンダくん」で使います。

石けんマン

泡（A）

パンダ（A）

キリトリ

70ページの「手洗いパンダくん」で使います。

棒

パンダ（B）

泡（B）

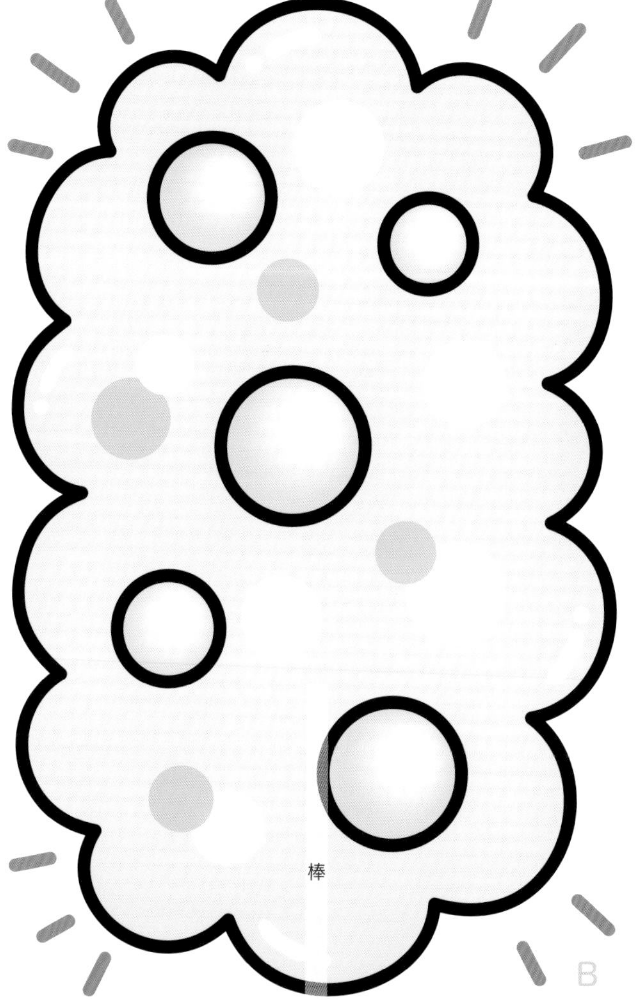

70ページの「手洗いパンダくん」で使います。

ドクターダマカス（A）

バイキン

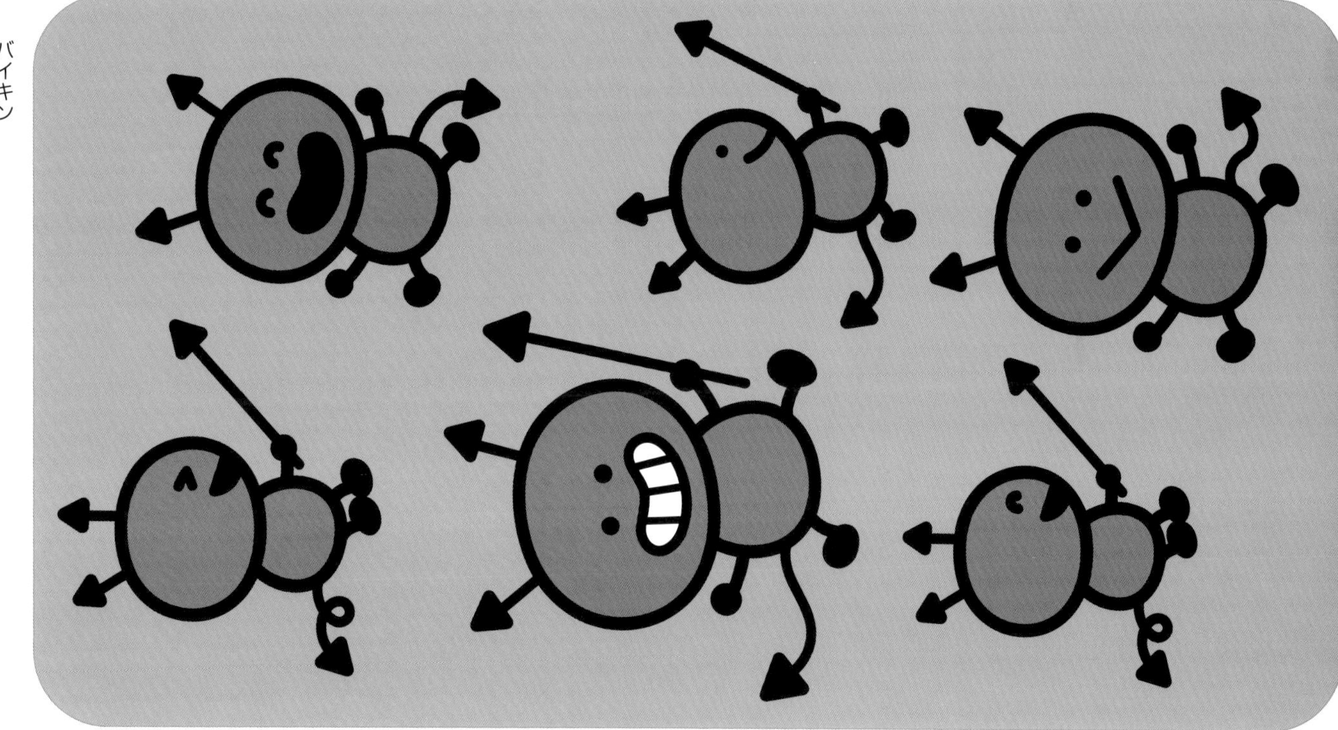

ピカピカビーム（A）

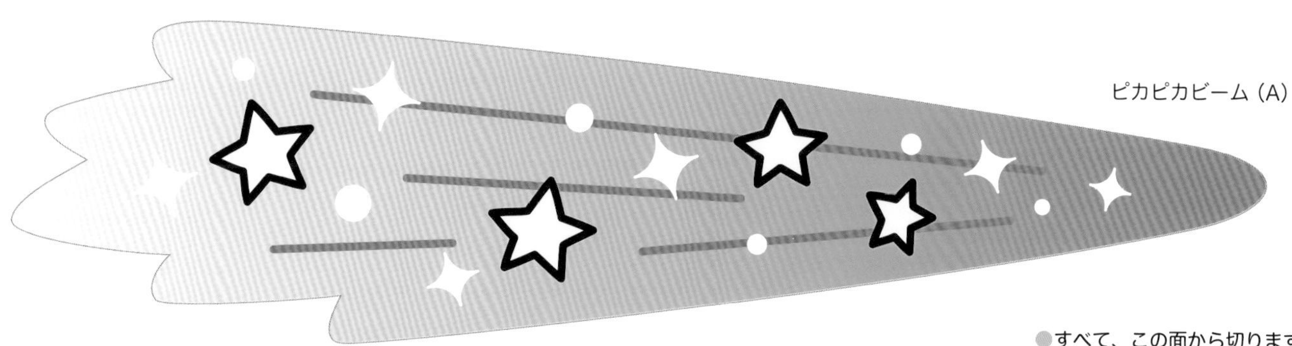

キリトリ

●すべて、この面から切ります。

ドクターダマカス（B）

棒

けむり

ピカピカビーム（B）

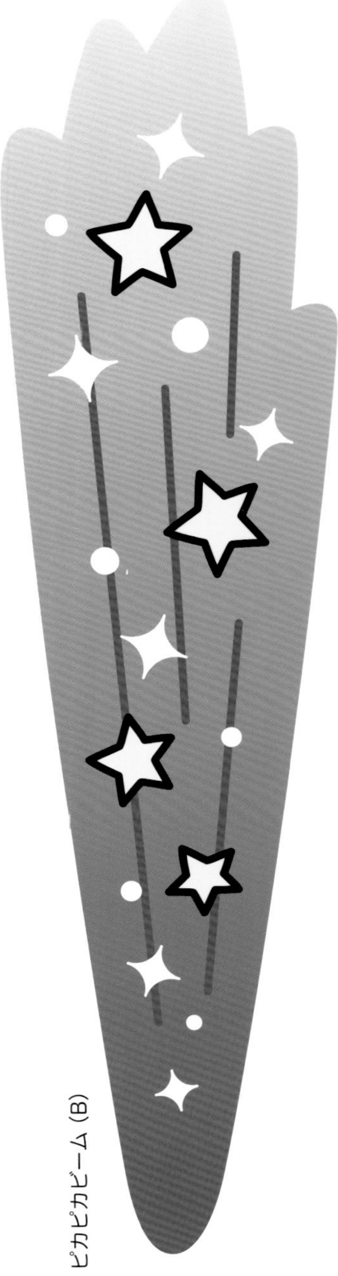

74ページの「オニさんわかるかな」で使います。

キリトリ

●すべて、この面から切ります。

74ページの「オニさんわかるかな」で使います。

のり

74ページの「オニさんわかるかな」で使います。

⬇ランドセル ●すべて、この面から切ります。 オニ

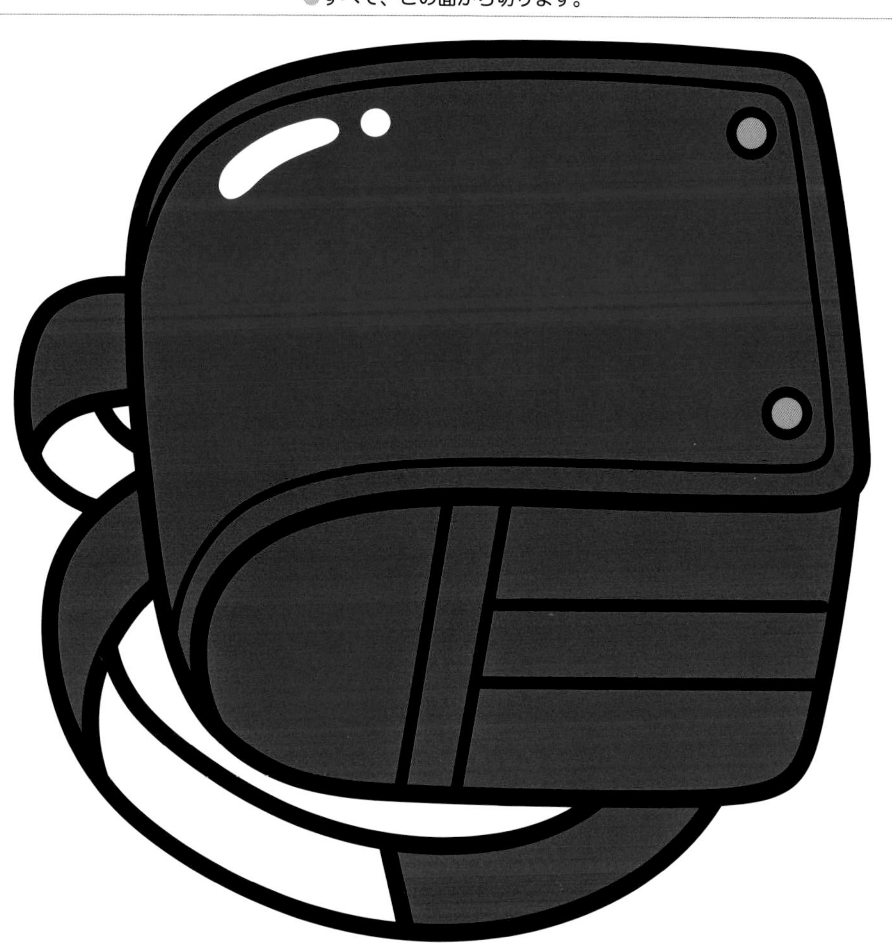

キリトリ

74ページの「オニさんわかるかな」で使います。

74ページの「オニさんわかるかな」で使います。

⬇ゆきだるま　●すべて、この面から切ります。　⬆なべ

キリトリ

74ページの「オニさんわかるかな」で使います。

78ページの「おしゃべりマスコット人形」で使います。

のり

●すべて、この面から切ります。

のり

キリトリ

切り込み

78ページの「おしゃべりマスコット人形」で使います。

〈顔（上）〉

のり

〈顔（下）〉

のり